50 Maddede Evlilik

O YÜZÜK BANA GELECEK

ADİL YILDIRIM

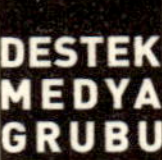

50 MADDEDE EVLİLİK
O YÜZÜK BANA GELECEK

ADİL YILDIRIM

Genel Yayın Yönetmeni: Mustafa Kutlukhan Perker
Üretim Koordinatörü: Semran Karaçayır
Editör: Neslihan Perker
Sayfa Düzeni: Emirhan Perker
Sosyal Medya-Grafik: Mesud Topal-Nursefa Üzüm Kalender-Samet Ersöz

1-5. Baskı: Ağustos 2023
6-10. Baskı: Eylül 2023

ISBN: 978-625-8360-45-5

İmtiyaz Sahipleri: Destek Yapım Prodüksiyon Dış Tic. A.Ş.
KaraKarga Yayınları, Destek Yayınları'nın alt kuruluşudur.

Yayıncı Sertifika No. 43196
Adres: Abdi İpekçi Cad. No. 31/5
Nişantaşı / İstanbul
Tel. (0 212) 252 22 42
Faks: (0 212) 252 22 43

karakarga.com   info@karakarga.com
karakargayayinlari   karakargayayinlari
karakargayayin

Baskı: Deniz Matbaa Mücellit
Adres: Maltepe Mahallesi Hastane Yolu Sokak
No. 1/6 Zeytinburnu - İstanbul
Tel. 0 212 613 30 06
Matbaa Sertifika No. 48625

50 Maddede Evlilik

O YÜZÜK BANA GELECEK

İçindekiler

Bu kitap, hayatın tüm olumsuzluklarına
rağmen ilişkisine sımsıkı sarılarak
Mutlu bir evliliğe ulaşmak isteyen, toplumun
temeli olan aile kurumuna inancını koruyan ve
Evliliğinde eşiyle hayat arkadaşlığını
benimseyen, zorluklara birlikte göğüs geren
Güzel ruhlara ithaf edilmiştir…

İstanbul / Haziran 2023

1

ELLİ SENELİK EVLİLİĞİN ARDINDAN

Kapısından girdiğimde onu salonda televizyonun karşısında yalnız başına otururken buldum. Akşamüstü yediyi geçiyordu; bir haziran akşamında hayatımda ilk defa gün batımının yansımasını yaşlı bir adamın salonundaki kapalı televizyonun ekranında izledim. Birlikte sessizce oturduk yarım saat kadar, karşılıklı birer sigara içtik, aslında ben sigarayı yıllar önce bırakmıştım ama sehpanın üzerindeki paketi bana doğru uzattığında sigarayı bıraktığımı unuttum, içgüdüsel bir hareketle bir tane aldım ve sanki hep içiyormuş gibi dumanı çektim ruhumdaki karanlıklara doğru.

Eski dostum, rehberim, Birleşmiş Milletler Ofisi’nde çalıştığım yıllarda bana hayatı kısa ve öz cümlelerle öğreten Arjantinli müdürüm Gustavo, salonundaki Buenos Aires manzaralı pencerelerden dışarıya donuk gözlerle bakıyordu. İki haftalık turistik gezimi ona haber verdiğimde beni evine davet etmişti, gönderdiği lokasyona bizi getiren taksici burada zengin insanların yaşadığını söylemeden edemedi oysa ben eski müdürümün nasıl bir adam olduğunu zaten biliyordum. Bize kapıyı açan hizmetçi kadın, beni ve arkadaşım Luca’yı salona buyur ettiğinde evdeki kasvetli hava bizi kucakladı, ilk birkaç adımda nefes almakta zorlandım, Luca’ya içeride beklemesini söyleyerek yavaş adımlarla Gustavo’nun yanına salona geçtim. Üzgün olduğunu tahmin etmek zor değildi ama onu bu kadar bitkin bulunca kısa süreli bir dehşet yaşadım. Elli senelik eşi Julia bundan altı ay önce vefat etmişti…

Birlikte gün batımını izlerken Gustavo aniden; “Hoş geldin Turco” dedi, “Kusura bakma bu aralar pek kendimde değilim, özellikle bu saatlerde kendimi pek iyi hissetmiyorum. Bu salonda onunla birlikte gün batımını izlemeye alışmışım, tam elli sene bunu yapınca insan alışıyor işte. O insan artık sadece eşin değil, aynı zamanda hayat arkadaşın oluyor ve her ne yapıyorsan onunla birlikte yapmaya alışıyorsun, tarif edilemez bir duygu."

Sessizce derin bir nefes aldım ve oturduğum tek kişilik deri koltukta arkama yaslandım. Onun anlatacakları vardı ve belki de benimle paylaşmak için epey beklemişti, belki de aylarca süren bir bekleyiş çünkü Gustavo kendini dışarı açan sosyal bir adam değildi oysa bizim aramızda her zaman ağabey kardeş ilişkisi vardı. Bu duygunun karşılıklı olduğunu biliyordum çünkü evliliklerinin ilk yıllarında dünyaya gelen oğullarını çocuk yaşta kaybetmişlerdi, işte ben de onun kaybettiği oğlunun yerine geçiyordum.

Hayat, aynı acıya sahip insanları buluşturur, onlar birbirlerini derinden hisseder ve anlar.

Benimle paylaşıyordu çünkü yalnızca benimle bunları konuşmak ona iyi gelebilirdi ve sanki o akşamki buluşmamıza epey hazırlanmış gibiydi. Gözlerinin önünde hâlâ salonda oturmakta olan Julia ile konuşur gibiydi, hipnoz halde mırıldanıyordu; "Julia'yı sen de tanıyorsun, ne kadar tatlı ve anlayışlı bir kadın olduğunu biliyorsun ama benim için bundan çok daha fazlası olduğunu bilmelisin. O benim hayatımda asla sahip olamayacağım her şeyi temsil ediyordu; mutluluk, huzur, şefkat, anne sevgisi, neşe, coşku, şımartılmanın hazzı ve yargısızca kabul edilmenin sarhoşluğu. Kendi ailem bile beni asla kabul etmedi ve hiç sevgi görmedim ta ki Julia ile tanışıncaya dek ve işte o zaman gerçekten yeryüzünde bir yerim olduğunu anladım. Yirmi bir yaşında tanıdım onu, üniversite sınıfında ve hemen ertesi yıl evliliğe ikna ettim. Biliyor musun evlat; ben genç yaşlarda defalarca intiharı düşünen biriydim (bunu duyduğuma inanamadım çünkü Gustavo benim gördüğüm en coşkulu yaşam sevincini yüreğinde taşıyan insandı) çünkü mutlu bir ailede büyümedim ve asla bu dünyada bir yerim olduğuna inanmadım. Fakat Julia bir insanın beni gerçekten sevebileceğini gösterdi, sevgiye değer bir adam olduğuma beni inandırdı. Biz erkekler deli gibi sevilmek isteriz, bunu hissetmek isteriz ancak kimse bize bu sevgiyi vermeye çalışmaz, her zaman bizden sevgi, ilgi beklenir sanki bir görev gibi, hayat boyunca başarmak zorunda olduğumuz şeylerden biri gibi, üstümüze giymek zorunda olduğumuz bir gömlek gibi. Julia beni tüm bu zoraki görevlerden çekip çıkardı ve onunla flört ettiğimiz ilk haftalarda bana şunu söylemişti: 'Hayatı sevmeni istiyorum çünkü ben seni seviyorum.' Bunu ondan duyduğumda o zaman bulunduğumuz restoranın tuvaletine gidip yarım saat ağladım! Oysa dışarıdan ne kadar katı ve güçlü görünüyordum, dinamit gibi genç bir adamdım ama beni tek bir cümleyle yerle bir etmişti, ne kadar savunmasız olduğumu bana gösteren ilk ve tek kadın Julia oldu."

Kadın isterse tek bir cümleyle erkeği kalbinden vurabilir.

Derin bir nefes alıp devam etti; "Hayat her erkeğe gerçekten onu seven bir kadın bahşetmiyor genç dostum, bir kadının kalbinden gelen yoğun aşk nasıldır biliyor musun? O güne kadar yaşadığın tüm acıları sana unutturabilir, yeniden yaşam sevinci verebilir ve hayata hiç olmadığı kadar sımsıkı bağlanırsın, yaşamak istersin, bir aile kurmak istersin."

"Bu, aşkın gücü" diye mırıldandım.

Bir süre cevap vermeyip sonra aniden mırıldandı; "Hayır seni aptal, bu kadınların gücü! Hiç kimse aşkı bir kadın gibi yaşayamaz, sadece kadınlar bu dünyada aşkı gerçekten yaşıyorlar ve bu yoğun duygusal delilik halinin hakkını veriyorlar. Aslına bakacak olursan, aşk erkeklere yakışmıyor..."

"Neden?" diye sordum usulca.

"Çünkü biz aşkın hakkını veremiyoruz. Bize verilmiş bu benzersiz duyguyu kadınlar gibi delice yaşayamıyoruz, sınırları zorlamaktan korkuyoruz, duygularımızı göstermekten ve zaaflarımızı ortaya koymaktan birer manyak gibi korkuyoruz. Bu korku dünyanın en güzel hissini yaşayamadan ölüp gitmemize neden oluyor. Bir erkek gerçek aşkı yaşayabilir mi sanıyorsun? Tanrı bunu sadece kadınlara bahşetmiş, dediğim gibi aşk erkeklere yakışmıyor."

Usulca ve sakin bir ses tonuyla konuşuyordu Gustavo, artık ne anlatmak ne yaşamak ne de sevmek için acelesi yoktu. Hayatının aşkı önce hayatından, sonra da bakışlarından çekip gitmişti. Oysa bundan tam sekiz yıl önce yine aynı salonda Julia ile birlikte beni bir akşam yemeğinde ağırlamışlardı, ne geceydi ama! Arjantin mutfağının en güzel yemekleri, davetli olan diğer dostlarıyla tanışma ve sabaha kadar sohbet etme keyfini yıllarca unutmamıştım. Üstelik gecenin sonunda kırk yıllık evliliği deviren çiftimizin tango gösterisi de geceye damga vurmuştu. Ne kadar garipti; daha yeni tanışmış gibi heyecanla dans ediyorlardı, Gustavo'nun karısına ne kadar âşık olduğunu biliyordum ve o geceden zihnimde kalan tek kötü duygu, benim ömrüm boyunca bu kadar sevebileceğim bir kadın bulamayacağımı kendime itiraf edişim oldu. Kalabalığın içinde yapayalnız, onlar dans ederken önce bakışlarım donuklaştı, sonra kendimi yeryüzünde çok yalnız hissettim ve oradan hemen ayrılmak istedim.

Yalnızlık insanı yorar ama başkalarının yanında hissedilen yalnızlık insanı öldürür.

Yıllar öncesinde kalan o geceyi ve iliklerime kadar hissettiğim yalnızlık hissini zihnimden uzaklaştırıp sordum; "Gustavo elli yıllık evlilik sana neyi öğretti?"

Sorumu anlamamış gibi mırıldandı; "Evlilik?"

Sorumu tekrarladım.

"Evlilik nedir ki genç dostum? Ben aşka inanıyorum. Sen aşkı yaşarken buna gerçekten bir isim vermek istiyor musun? Buna evlilik demek istiyorsan keyfin bilir, istediğin adı koyabilirsin, eğer içinde sonsuz bir aşk yoksa evliliğin ne anlamı var?"

Aniden aklına bir şey gelmiş gibi sessizleşti ve sonra bir yudum su içtikten sonra devam etti; "Biz evliliğimizin ilk beş yılında çok tartışmalar yaşadık, sonraki on yılında tartışmalar azaldı ve son otuz beş yılında artık enerjimizi tartışmalar yerine sevişmelere harcamaya karar verdik hem bedensel hem entelektüel hem de ruhsal sevişmelerden bahsediyorum. Aslına bakacak olursan, bedensel sevişmeler tamamen haz odaklıdır bir anlık doyum için çılgınca sevişirsin, entelektüel sevişmeler ise paylaşım odaklıdır, yaşamla ilgili düşüncelerini, duygularını ve kendi bireysel alanında neler olup bittiğini paylaşırsın. Ruhsal sevişme benim favorimdir çünkü yalnızlığı paylaşırsın, birlikte olduğun zamanlarda kimi zaman sessizliği, kimi zaman hüznü ve kederi paylaşırsın. Birbirini anlarsın ve yargılamadan kabul edersin."

Bilgece anlatıyordu; "Bir evlilikte iki insan hep mutlu olamazlar, eğer sürekli mutluluk hissi peşinde koşarlarsa bu evlilik asla uzun sürmez. Asıl aramaları gereken ve bence evliliğin sihirli cümlesi birlikte var olma hissidir. Hayatın her alanında, en zorlu anlarda ve özellikle de güçlüklerde birlikte savaşmak ve mücadele etmek iki insanın hoşuna gidiyorsa işte bu çiftin evliliği sonsuza kadar devam eder. Bu hayatta birlikte vakit geçirmeyi seven iki ruhsal enerjinin arasına kimse giremez çünkü onlar artık seçimlerini yapmış ve hayat arkadaşlığı sözleşmesini gizlice imzalamış olurlar. Julia benim sadece eşim değil aynı zamanda hayat arkadaşımdı..."

Söyleyecek bir söz bulamadım fakat o kendi kendine konuşur gibi devam etti:

"Ben sadece eşimi değil hayatımda en zor zamanlarımı birlikte geçirdiğim ve aynı zamanda birlikte en mutlu günleri yaşadığım hayat arkadaşımı kaybettim. Sen bunun ne kadar zor bir duygu olduğunu biliyor musun? Ruhumdan, bedenimden bir parçayı kaybettim. Evliliğim boyunca bana en büyük mutluluğu veren onu gülümsetmek olmuştu, onu güldürdüğüm zaman kendimi dünyanın en güçlü adamı gibi hissediyordum. En başarılı aşık bendim, en güzel ruha sahip erkek bendim çünkü Julia bir defa gülümsediği zaman bana bu duyguları verebiliyordu. Dünyada benim için onun dışında hiçbir kadın yoktu çünkü kimsenin yanında onun yanında olduğum gibi rahat hissetmedim, kendim gibi olamadım, beni asla değiştirmeye çalışmadan ve hep olduğum gibi sevecek tek insan oydu. Hep güzel kadınlarla karşılaştım ama ondan vazgeçmeyi hiç düşünmedim, aklım hiç başkasına gitmedi. Çünkü biz Julia ile yeryüzündeki bize ait yalnızlığı paylaşıyorduk..."

Sözleri burada sona erdi. Sessizce biraz daha oturduk ve sonra ondan izin isteyerek Buenos Aires sokaklarına attım kendimi.

Gustavo'nun sözlerinde bana dokunan bir şeyler vardı.

2

EVLİLİK BİR HEVES OYUNU DEĞİLDİR

Sokağa çıktığımızda Luca bir süre sessiz kaldı ama sonra ağzındaki baklayı çıkarıverdi:

"Gustavo çok âşık bir adammış dostum."

Sesindeki hafif alaycı tınıyı sezdiğim için hemen sordum:

"Ne var bunda? Bir erkek âşık olamaz mı?"

"Onu bilmiyorum ama söylediği bir şey çok hoşuma gitti."

"Hangisi?"

"Aşk erkeklere yakışmıyor dedi ya, buna bayıldım."

"Sana yakışmadığı kesin" diye kestirip attım, onun

nasıl bir sırtlan model olduğunu biliyordum, hızlıca gecelere akıp hemen her gece duygusuz cinsel deneyimler yaşamayı seviyordu.

"Neden öyle diyorsun Turco?" derken gülüyordu, "Benim de kadınlara âşık olduğum dönemler oldu ama evet bence âşık olmak genel olarak kadınların işi ve bizim işimiz de onları memnun etmek."

"Bak Luca" derken aslında amacım ona bir ders vermek değildi çünkü bir ders alma ihtimali olmadığını gayet iyi biliyordum ama yine de bir açıklama yapma gereği hissettim; "Olaylara çok yüzeysel bakıyorsun çünkü sadece yirmi altı yaşındasın. Ben kırk yaşındayım ve benimle aynı kafada olmadığını biliyorum üstelik senin yaşlarında ben de sadece cinsellik peşinde koşuyordum, hormonlarımız bizi yirmili yaşlarda böyle yaşamaya zorluyor ama yine de benim yanımda Arjantin rehberliği yaparken en azından bir şeyler öğrenmeye çalışabilirsin. Her zaman Gustavo gibi adamlarla karşılaşma şansın olmaz, dolayısıyla bunu bir fırsat olarak düşün. Bu adam hayatı gerçekten yaşamış bir adam neden biliyor musun?"

"Elli sene boyunca aynı kadınla yattığı için mi hayatı yaşamış oluyor yani?" diye sordu yine sesinde aynı dalga geçen tınıyı koruyarak.

Şehir merkezinde neon ışıklı vitrinlerin yanından geçerken aniden durup ona döndüm ve aramızdaki iki metre mesafeyi koruyarak gözlerinin içine baktım: "Sen hiç evlendin mi Luca?"

"Hayır."

"O zaman hiç yaşamadığın bir şeyin iyi veya kötü olduğunu nereden bileceksin?"

"Hayatıma giren bir kadına en fazla üç ay tahammül edebiliyorum sonra hemen başkasını arıyorum, elli seneyi hayal bile edemiyorum dostum."

"Hayal etmen gerekmiyor en azından bilmediğin konularda sessiz kalabilirsin, bunu anlıyor musun?"

"Evet ama biz Arjantinliler konuşmayı seven insanlarız, ne var bunda şimdi? Sadece anlamaya çalışıyorum, nasıl olur da bir adam karısına tam elli sene boyunca sadık kalabilir? Bana kalırsa evlilik çok sıkıcı bir olay, insan en fazla bir sene sonra sıkılıp kaçar, bunu hayat boyu devam ettirmesinin sebebi neydi?"

"Senin kendini en iyi hissettiğin yer neresi?"

Hiç düşünmeden yanıt verdi; "Boca Juniors Stadyumu! Bizim takımın maçlarına gittiğim zaman kendimi inanılmaz yüksek hissediyorum!"

"Yüksek?"

"Evet, yaşam sevinciyle dolu ve hayatta olduğumu hissediyorum."

"Başka?"

"Kendimi oraya ait hissediyorum, yalnız olmadığımı ve oradaki herkesin benimle aynı takımı tutmasından dolayı güçlü olduğumu hissediyorum."

"Yani kendini aileden hissediyorsun?" diye sordum.

"Kesinlikle öyle! Boca Juniors benim için sadece bir futbol takımı değil, büyük bir aile ve ben hayatımda hiç büyük bir aileden olduğumu hissetmedim. Bana bu duyguyu sadece Boca Juniors verebiliyor onun için her hafta mutlaka maça giderim hatta hafta boyunca o duyguyu özleyip maç günü gelsin diye beklerim. İnanılmaz güzel bir his, sımsıcak bir hava oluyor maçlarda, yeni insanlarla tanışıp onlarla aynı amaç için bağırıyoruz, takımı destekliyoruz ve hayatımın bir amacı olduğunu hissediyorum. Aslında bunu sadece orada hissediyorum başka her yerde yalnızım ve hayat bana anlamsız geliyor. Futbol dışında hiçbir şey bana böyle bir mutluluk veremez gibi hissediyorum."

"Peki sana aynı duyguyu bir kadın verseydi?"

"Nasıl yani?"

"Sana bir aile olduğunu hissettiren şey bir futbol takımı yerine bir kadın olsaydı, o sımsıcak duyguyu sana veren ve seni her halinle seven bir kadın karşına çıkmış olsaydı?"

"Çıkmaz."

"Bunu nerden biliyorsun?"

"Çıkmadı bugüne kadar."

"Geri zekalı daha sadece yirmi altı yaşındasın!" deyiverdim.

Hiç oralı olmadı: "Annemden hiç sevgi görmedim, genel olarak kadınların sevgi gösterebilen varlıklar olduklarına inanmıyorum!"

"Neden genelleme yapıyorsun? Belki her kadın annen gibi değildir, ne dersin?"

"Sanmam çünkü onlar sadece paraya bakarlar Senor (aniden bana beyefendi diye hitap etmeye başlayınca bu konudan gerildiğini fark ettim) eğer paran yoksa genç kızlar için hiç değerin yoktur. Ben sizin gibi buraya gelen yabancılara rehberlik yapıyorum ve bazen çok güzel bahşişler de alıyorum yani yaşıma göre çok iyi para kazanıyorum. Ama yine de bir kızın gitmek istediği mekanlara gitsem ay sonuna hiç param kalmaz! Ben kendime turist rehberi olarak güzel bir kariyer edinmek ve sonra kendi seyahat şirketimi kurmak istiyorum. Bunu yapabilmek için tasarruflu olmak zorundayım, eğer şu anda bir ilişkim olsaydı tamamen parasız kalırdım!"

"Yine de soruma yanıt vermelisin Luca." diyerek onu yeniden konuya döndürmeye çalıştım, "Eğer seni gerçekten seven bir kadın bulsaydın ve senin parana bakmayan bir kadın, onunla evlenir miydin?"

"Evet Senor." diye yanıtladı sessizce, "Ben sevilmek için para kazanmak istiyorum zaten, ama dediğim gibi kadınlar sizi paranız olmadan sevmiyorlar."

"İşte şimdi anladın mı Gustavo'nun neden âşık olduğunu? Karısı Julia onu beş parasız olduğu gençlik yıllarında sevmiş ve hiç değiştirmeye çalışmamış. Adam böyle bir kadına âşık oluyorsa buna akıllıca bir aşk diyebiliriz herhalde, ne dersin?"

"Akıllıca bir aşk ne demek Senor?"

"Bazı insanlar, hayatlarını zindan edecek kişilerle birleştirmeyi tercih ederler, oysa onları gerçekten seven insanları görmezden gelirler. Aradıkları mutluluk değil, heyecandır. Oysa evlilik bir heves oyunu değildir. Uzun sürmesi için yola çıkılan böyle bir ortaklıkta, tarafların birbirini oldukları gibi kabul etmesi gerekir. Sana bir örnek vereceğim; mesela çulsuz bir adam düşün ve onunla evlenecek kadın bu adamın bir gün çok zengin olacağını hayal ederek onunla evlilik planları yapıyor olsun ama yine de riskli bir plan öyle değil mi? Çünkü belki de hiçbir şey kadının hayal ettiği gibi olmayacak ve bu adam ne kadar çalışırsa çalışsın asla zengin olmayacak. Bu durumda kadın tamamen bir hayale güvenerek bu adamla evlenmiş oluyor, anlıyor musun?"

"Elbette, aslında adama değil, o adamın zengin versiyonuna âşık oluyor!" dedi zekice.

"Aynen öyle dostum. Kadın burada bir yatırım yapıyor ve o adamın zengin olmaması halinde bu yapmış olduğu evlilik hatalı bir yatırım olacak, neden dersen; çünkü adamın çulsuz halini zaten sevmiyor ve belki zengin olur diye evleniyor. İşte Gustavo'nun eşi Julia onu gençlik yıllarında bir öğrenciyken parasız haliyle sevmiş ve hayat boyunca birlikte mücadele etmeye karar vermiş, ne olursa olsun ondan ayrılmak istememiş bir kadın, sen böyle bir kadınla evlenmez miydin?"

Sonunda beni anlayan aklı havada genç sırtlan hemen yanıtladı: "Hem de gözüm kapalı evlenirdim! Ama siz anlamıyorsunuz Senor; böyle kadınlar geçmişte kaldı!"

3

BAZI KADINLARIN AŞKI ERKEĞİ ÜRKÜTÜR

"Ne demek istiyorsun, bana çok yaşlı olduğumu mu söylemeye çalışıyorsun sen?"

"Hayır, hayır beni yanlış anladınız ama gerçekten benim yaşlarımda böyle kızlar yok. Onlar hayat boyunca birlikte mücadele etmeyi falan değil sadece birlikte lüks bir hayat yaşamayı istiyorlar. O zaman benim neden evliliğe inanmadığımı anlayacaksınız."

"Sebep bu mudur?"

"Elbette budur, evlilikte erkek zengin olduktan sonra mutlu olmak kolay hatta kadın burada sağlam yere kapı atmış oluyor, ama erkek fakir olunca onu talep eden ve hayatını birleştirmek isteyen kadın hiç görmedim ben!"

"Peki bu konuda neden bu kadar öfkelisin? Anlatırken bile kendini kaybediyorsun, ses tonun değişiyor, ne yaşadın sen?"

İsteksizce bir an düşündü, sanki yıllar öncesinde unutup bırakmaya çalıştığı olaylar gözünün önünde sahneleniyordu, sonra genç yüreğinde aniden hışımla bir karar almış gibi sokaklarda yanımda yürürken anlatmaya başladı:

"On sekiz yaşımdaydım Senor, bir tango gecesinde yaşıtım bir kızla dans ettim, hayatımda ilk defa onun gecelik bir ilişki olmadığını hissettim. Normalde ben Milonga gecelerinde (dans gecesi) bulduğum kızlarla sadece gecelik takılmaya alışık biriydim ama o kızın enerjisi olsun, dans sırasında ondan bana doğru akan enerji olsun beni çok etkiledi. Bir de kokusu..."

"Parfümden mi bahsediyorsun?"

"Hayır efendim hayır, mesele kızın parfümü olsa beni o kadar etkilemezdi, dans ederken onun boynundan bana doğru gelen ten kokusu beni çok etkiledi, ona ait bir kokuydu ve yeryüzünde eşi benzeri olmadığına yemin edebilirim. Kız heyecanlandığımı fark edip neredeyse hamlelerime yön vermeye başladı oysa bilirsiniz tango tamamen erkeğin kontrolünde bir danstır. Bunu özellikle yapıyordu çünkü ona dans ederken âşık olduğumu anlamıştı, nasıl hemen anladı bilmiyorum."

"Kadınlar anlar dostum, onları hafife alma."

Heyecanla anlatmaya devam etti; "Dansın ardından benimle dalga geçer gibi konuştu, acemi olduğumu söyledi ben de onu ikna etmek için ertesi gün akşam yemeğine davet ettim. O zamanlar çalışmıyordum ama arkadaşlardan borç alıp en lüks restorana gitmeyi teklif ettim, kız şaşırdı ve çok param olduğunu düşündü herhalde. Neyse, akşam yemeğinde bana yukardan bakıyordu, hiç saygısı olmadığı belliydi, bir de baktım onun sevgisini kazanmaya çalışıyorum, kıza kendimi beğendirmek için türlü şakalar yapıyorum. Bu durum tam üç ay boyunca devam etti, sürekli en güzel yerlere gidiyoruz, kimi zaman yanımda öyle garip davranıyor ki neredeyse beni sevdiğini hissediyorum ama sevgi cümleleri duymadan kendi kendime buna inanmak istiyorum. Mesela aniden gülüyor, neşeleniyor ve kendimi onun yanında harika hissediyorum ama sonra günlerce mesajlarıma cevap bile vermiyor ve yine cehennemin dibine iniyorum. Bu işkence, eğer adına aşk denirse, tam üç ay devam ediyor, bütün gün iştahım olmuyor, sürekli kilo veriyorum ve kendimi derslerime veremiyorum. O dönem hayatım berbat gitmeye başladı ve huzurum kalmadı, geceleri uyuyamıyorum. Lanet olsun böyle aşka, o kadın beni perişan etti!"

Sokak ortasında gülmeye başladığımı görünce o da ister istemez güldü, kendi haline ve anlatım tarzına gülüyordu çünkü bana anlatırken o günleri tekrar yaşadığı belli oluyordu ve kızın yüzünü hatırlamak bile ona iyi gelmemişti.

Aşk ve nefret yan yana gider.

Onu omuzlarından tutup sarstım, "Sakin ol dostum, güzel bir deneyim yaşamışsın, sen anlatmaya devam et."

"Güzel mi?"

"Elbette güzel, aşkın illa mutluluk getiren bir deneyim olduğunu kim söyledi?"

"Öyle olması gerekmiyor mu?"

"Bunu kim söyledi? Sana böyle bir söz veren oldu mu? Aşk bir deneyimdir ama her deneyim gibi hem olumlu hem de olumsuz tarafları vardır. Nedense biz hep mutlu olmaya çalışırız."

"Kız onun yanındaki heyecanlı ve amatör tavırlarımdan çok keyif alıyordu belki de bir erkeğin ona böyle âşık olması egosunu tatmin ediyordu, bilemiyorum ama yaşadıklarım bana iyi gelmedi ve adeta bir saplantı gibi onu kendime aşık etmeye çalıştım. Elbette tüm çabalarım boşunaydı çünkü bu kadının beni sevmesine imkân yoktu dolayısıyla çeşitli yollar denedim, borçlandım ve ona güzel hediyeler aldım. Hepsini bir güzel kabul ediyordu ve hatta bazen benden hoşlandığını söylüyordu! Bunları duydukça deliriyor onu daha fazla mutlu etmek için sürekli kendimi şartlıyordum. Aman Tanrım, şimdi düşünüyorum da ne kadar aptalmışım meğer!"

"O günkü yaşadıkların olmasaydı bugünkü sen olamazdın."

"Evet ama yaşarken çok zordu, şimdi anlatıp gülmek kolay, ben kan kustuğum geceler hatırlıyorum, hiçbir şey yemediğim için midem artık tepki vermeye başlamıştı."

"Pekâlâ sonra neler oldu?"

"Yine benden hoşlandığını söylediği bir gecenin ardından arabada benimle öpüştü ve basit bir öpücükten bahsetmiyorum, büyük bir aşk yaşayan çiftin öpüşmesi gibiydi. Bu beni ona iyice bağladı ve işte o geceden tam iki hafta sonra hayatımın en saçma hamlesini yaptım."

"Ne gibi?"

"Ona evlilik teklif ettim."

Ben kahkaha atarken öfkeli bakışlarını bana çevirdi, kendimi durduramıyor ve katıla katıla gülüyordum. Hayatımda, bir kadından tek bir güzel söz duymak için evlilik teklif eden çok sayıda erkek görmüştüm, şaka gibi ama gerçekti bu.

Erkeklerin kendilerine kötü davranan kadınlara âşık oldukları yönündeki halk efsanesi asla yalan değildi ve tüm dünyada durumun aynı olduğunu Buenos Aires sokaklarında iliklerime kadar hissettim. Nasıl oluyordu bu?

Zor kadınları seviyordu erkekler, onları zorlayan, sürekli önlerine yeni hedefler koyan ve aslında hep şüpheye düşüren kadınlara âşık oluyorlardı. Yanında çok iyi vakit geçirdikleri ama duyguları konusunda gizemli davranan kadınlara yüzükle gidiyorlardı. Öyle ki bir kadının erkeği aşık edebilecek en etkili cümleleri şöyle oluyordu;

"Senin yanında kendimi iyi hissediyorum ama sana olan duygularımdan emin değilim. Seni daha iyi tanımaya ve birlikte daha fazla vakit geçirmeye ihtiyacım var. Üzgünüm, benim yoğun bir duyguya girmem zaman alıyor..."

Kaç kadın söyleyebiliyordu bu özgüven dolu ve hafif küstahlık tınısı içeren cümleleri?

Az sayıda diyebilirim, bunları erkeği kaybetme korkusu olmadan söyleyebilen belki de sadece yüz kadınla tanıştım. On beş bin kadınla birebir çalıştığımı düşünecek olursak sayıları yok denecek kadar az.

İşte Luca böyle bir kadına hem de genç yaşta denk gelmişti, kısa sürede kalbini ona kaptırmış, gözü ondan başkasını görmez olmuştu. Genç delikanlının demek ki erken yaşta pişmesi gerekiyordu ve ne kadar şanslı olduğunu bilmiyordu, bunu otuz beş yaşlarında anlayacaktı çünkü biz erkekleri olgunlaştıran işte böyle özgüvenli kadınlardır.

Bu kadınlar sayesinde hayatın mutluluk içeren bir oyun olmadığını, sevdiğimiz kadından gelen "hayır" cevabının bir tokat kadar sert olduğunu ve sevgi için mücadele etmek gerektiğini anlarız. Onlar bizi kendimize getirip aşkı öğretirler. Aşk kolay değildir, aşk cepte değildir, aşk son derece karmaşık bir oyundur. Saf duygularla oynadığınız zaman canınızı yakan bir oyundur. Asla hafife alınmayacak bir deneyimdir.

Aniden bir kadın çıkar karşına, nefes almayı unutursun. Ondan yediğin aşk tokatları seni kendine getirir ve daha güçlü, daha olgun bir adam olursun. Aşk kas yapmak gibidir, acı çekmeden kendine güzel bir şekil veremezsin. Her kim aşkın kolay olduğunu söylerse âşık olmamıştır, her kim ben âşık olmadım derse bu hayatı yaşamamıştır. Her kim aşktan kaçıyorsa bir korkak olarak yaşamıştır.

Luca yaşamıştı. Anlatırken bakışları sokağın karşısındaki bir otelin neon tabelasına kilitlendi.

"İnanılmaz" dedi, "Adımlarımız bizi buraya getirmiş, işte bak Senor şu karşımızdaki otelin odasını ayarlamıştım, yıllar önce bir yaz gecesi odada buluştuk ve aramızda hiç cinsellik olmamıştı. O gece nedense benimle olmaya kadar verdi ve ben heyecandan cinsellik yaşayacak durumda bile değildim. Bazı kadınlara âşık olmak yorucu, bazı kadınların aşkı erkeği ürkütür; benim de kalbim artık yorulmuştu. Cinsellik yaşadıktan sonra yatakta uzanıyorduk, nefes nefese yatarken ona doğru yüzük kutusunu uzattım. Bir an bakakaldı ve hâlâ kulaklarımda çınlayan tiz bir sesle kahkaha atmaya başladı. Sonra hiç unutamadığım o sözler döküldü dudaklarından: 'Sen bu yüzüğü seni seven bir kadına vermelisin, evet hoş adamsın ama ben sana karşı hiçbir şey hissetmiyorum.'"

Birlikte yürümeye devam ettik, sessizce. Sokaklarda harika bir yaz esintisi vardı.

4

HESAPSIZCA YAPILAN EVLİLİK TEKLİFLERİ

Kimin için boşanma bir başarısızlık değildir?

Bu sorunun cevabı evliliği takıntı haline getirmeyenler için olmalı.

Evlilik, uzun süreli olması için yapılan bir ortaklıktır. İki insanın hayat denen bu büyük oyunda birlikte yol almak için yaptıkları bir akittir. Tahmin edileceği gibi akitlerde her ikisinin de aynı fikirde olmaları gerekir. Evliliğin iş akitlerinden en büyük farkı da burada yatar; iş hayatında akitlere bir duygu koymak zorunda olmazsınız, aynı heyecanı duymak veya aynı mutluluğu paylaşmak gibi şartlar gerekmez. Oysa evlilikte kesinlikle bir duygu birliği gerekir, aynı duyguda ve heyecanda olmayan insanların evlilikleri yürümez. Nokta.

Bir taraf her zaman daha çok sever ama daha çok seven taraf her zaman aynı taraf değildir. Bir ilişki süresince daha çok seven taraf değişiyorsa bu ilişkide bir denge var demektir ve uzun süreli olacaktır. İlişkinin başından beri alttan alan ve anlayışlı olan tarafın sürekli aynı taraf olması halinde bu ilişkinin süresi, alttan alan tarafın ne kadar dayanabileceği ile belirlenecektir. Şurası bir gerçek; partnerin sevgisini kazanmak için ne kadar alttan alsanız da bir süre sonra yorulacaksınız. Bunu ömür boyu yapmak ve onun her istediğine evet demek zorunda değilsiniz çünkü bu sağlıklı bir ilişki anlamına gelmez. Evlilikte ise bunun en büyük boşanma sebebi olduğunu unutmayalım.

Yüzyıllar boyunca evlilik kavramı yaşamını sürdürdü ve bugünlere kadar geldi ancak ne olursa olsun zamanın her döneminde farklılaştı ve kendine göre evrimleşti, belki de bundan elli yıl sonra söz konusu bile olmayacak. Dünya böyledir, sürekli değişir, genleşir, farklılaşır ve değişikliklere ayak uyduramayanlar uzaklaşıp giderler. Evlilik kavramı günümüzde belki de daha önce hiç olmadığı kadar tartışılır hale geldi, tüm dünyada durum aynı ama bir gerçek var ki boşanmaların artmasının en büyük sebebi hesapsızca yapılan evlilik teklifleridir.

Nasıl mı?

Harvard Üniversitesi'nde 2002 yılında evlilikler üzerine yapılan bir araştırma, boşanma süreci yaşayan üç bin evli çifti kapsıyordu. Bu çiftlerin tam yüzde sekseni, boşanma sebeplerinin evlilik öncesi yaşadıkları sorunlarla aynı olduğunu beyan ettiler. Bu çalışmanın ortaya koyduğu sonuçlar bugün halen geçerlidir ve görünen o ki her zaman geçerli olmaya da devam edecek. Çünkü evliliğin ne kadar ciddi bir ortaklık olduğunu anlamayan insanlar, hiçbir hesap yani muhasebe yapmadan evlilik kararı alıyorlar. Evlilik çok büyük bir muhasebe olayıdır ve bu analizi sadece duygularınızı kullanarak yaparsanız size garanti ederim ki boşanacaksınız.

BUNU SİZE GARANTİ EDİYORUM.

Hayatınızda hiçbir kararınızda yapmadığınız kadar ince ve detaylı bir analiz yaparak evlilik konusunda karar almalısınız çünkü hayatınızda ne para ne kariyer ne de başarı evlilik kararı kadar önemli değil.

Neden mi?

Çünkü bu alanların hiçbirinde yaptığınız hatalar sizi aynı ölçüde etkilemeyecek, para kaybetseniz bile yeniden kazanırsınız, kariyerinizi her zaman için bir şekilde yoluna koyabilirsiniz, başarı ise hayatınızda her an yön verebileceğiniz bir stratejik hamledir.

Bunların hiçbirinde duygularınız ağır basmaz.

Oysa, evlilik özellikle ülkemizde tamamen duygularla alınan bir karar olması nedeniyle boşanma oranları bu kadar artmaktadır.

Nasıl yani, duygusuz evlilik olur mu? diyenleri duyar gibiyim çünkü hayatta her zaman yaptıkları gibi bu satırları da öğrenmek için değil ama bir boşluk bulmak için okuyorlar. Oysa ben başka bir şeyden bahsediyorum.

Duygusal olmak güzeldir ama eğer bunu abartırsanız evlilik konusunda başınız belaya girer.

Kötü bir evlilikten sonra hayatını asla düzene sokamamış binlerce insan tanıdım, özellikle de çocuklu boşanmış olanların çilesi ömür boyu devam eder. Elbette çocuklu boşanmış ve eski eşiyle halen sağlıklı bir iletişimi koruyan insanlar da bulunuyor ancak onların sayıları çok az. Fanatik duygularla hareket ederek boşanmayı bir başarısızlık olarak gören ve boşanma sonrasında büyük bir kâbus yaşayan, eski eşine cehennemi yaşatmaya çalışan insanların sayısı neredeyse birkaç ülkenin toplam nüfusu kadar fazla. Onlar boşandıktan yıllar sonra bile intikam duygusuyla ve belirgin bir saplantıyla eski eşlerini takip etmeye, çeşitli yollarla onu taciz etmeye veya çocuk konusunda karşı tarafa zorluklar çıkararak hayatı cehenneme çevirmeye devam ediyorlar.

Bunun bir cinsiyeti yok, kimi zaman boşanan erkek, kimi zaman da boşanan kadın boşanma olayını sindiremiyor ve eski eşinin hayatına adeta çöküyor. Ne olursa olsun benim başıma gelmez diyorsanız eğer, çok büyük bir yanılgı içindesiniz demektir çünkü bu olayları yaşayanların hepsinden aynı cümleyi duymuştum.

Evlilik kararı almayı düşünen çiftlere mutlaka boşanma davalarından birkaç sahne izletilmeli. Eğer izledikten sonra biz asla bunları yaşamayız diyorlarsa o zaman evlilik yoluna girebilirler. Herhangi bir planlama yaparken, iyi senaryo çalışmasının yanı sıra bir de kötü senaryo çalışması yapılır çünkü her planlamada kötü senaryo ile karşılaşma ihtimali vardır. Kimse bir yola girerken bunun gül bahçesi olacağını garanti edemez. Arjantin'de, Amerika'da veya Türkiye'de yani dünyanın neresinde olursa olsun, evlilik garantili bir oyun değildir çünkü aşk en az iyi ihtimaller kadar kötü ihtimalleri de sever. Aşk, sonu belirsiz bir film gibidir, baştan sona heyecanla seyredersiniz ve sonucu kestirebilmeniz asla mümkün değildir.

Bunun en büyük sebebi aşkın sadece aşk olmamasıdır. İşte aynı mantık ile evlilik de sadece evlilik değildir, çok daha fazlasıdır diyebiliriz ve böyle bir oyunda tüm ihtimalleri düşünmek zeki insanların işidir. Üzgünüm ama bu hayatta sadece duyguları ile yaşamaya çalışan insanlara zeki diyebilmemiz pek mümkün değildir.

Arjantin'de Luca, onunla üç ay boyunca dalga geçen kızın sevgisini kazanmak için hesapsızca evlilik teklif etmişti, Luca bir aptaldı, aslında gençken birçok insan potansiyel bir aptaldır, çünkü gençlik böyle bir şeydir. Yirmi beş yaşına kadar ergenlik dediğimiz dönem bitmez.

Ne demişler; "Yirmilerinde idealist biri değilsen aptalsın; kırklarında hâlâ idealist biriysen daha büyük bir aptalsın."

5

FRANSA BAHARINDA KIR DÜĞÜNÜ

Bu satırları yazarken amacım kesinlikle evlilik hakkında rutin bilgiler vermek değil; tam aksine hiç konuşulmayanları ortaya koymak ve yıllardır devam eden farklı pencereler açma misyonuma kaldığım yerden devam etmek. Biliyorum ki doğru söyleyeni dokuz köyden kovarlar ancak öte yandan sadece gerçekleri söyleyenler iz bırakırlar. Bazen karşımıza çıkan bir bilgi hayatımızı değiştirebilir. Dolayısıyla misyonum, belki de hiç tanışma şansım olmayacak insanların hayatına dokunmak.

Evlilik asla iki insan arasında değildir, yani bizim ülkemizde durum böyle.

Bundan tam yirmi sene önce yaşadığım bir sahneyi hayal etmenizi istiyorum; Fransız damatla evlenecek bir arkadaşımızın düğününe katılmak için Fransa'ya seyahat ettik, ekibimizdeki arkadaşlarımızla düğünün gerçekleşeceği Lyon şehrine vardığımızda damadın ailesi bizi karşıladı ve geceyi geçirmemiz için bize ayarladıkları evi gösterdiler. Ertesi sabah kahvaltıda çiftimizle bir araya geldik ve onların gayet sakin olmaları bize garip göründü; aynı akşam düğün yapılacak ancak gelin ve damat, ekmeklerine ***Nutella*** sürmekle meşguller!

Akşam olduğunda kır düğününe ev sahipliği yapacak mekâna ulaştık, ağaçlara ışıklar konmuş, ayakta yemek servis edilecek büfe hazırlanmış, yavaş yavaş damadın akrabaları geliyor ve biz de kız tarafını temsil ediyoruz. Damat şık giyinmiş, lacivert takım elbise fakat abartıya yer yok; kızımız gelinlik giymiş fakat giyim kuşam aksesuar abartısı yok, özellikle damadın ailesi abartıyı sevmiyor, "Tamam çocuklar siz evlenin sonra da hayat yolculuğunuz başlasın." diyorlar, herkes kendi halinde ve katılımcılar sade elbiselerle mekâna teşrif ediyorlar. Düğün başlıyor, herkes ayakta sohbet ediyor, hava güzel, haziran ayında bir bahar gecesi... Henüz yazın ilk mevsim kokuları dışında yazdan eser yok, hatta hafif serin bir akşam esintisi olduğunu anımsıyorum.

Aniden beni damadın babası, yani müstakbel kayınpeder ile tanıştırıyorlar ve adama şunu soruyorum;

"Ne diyorsunuz, sizce mutlu olacaklar mı?"

Hiç düşünmeden, "Bunu onlara sormalısın." diye yanıtlıyor adam gülümseyerek.

"Nasıl yani?"

"Gençler hata yapabilirler, kendi deneyimlerini yaşamaları gerekiyor zaten bundan sonrasına biz karışmayız çünkü oğlumuzu kendi kararlarını alması için yetiştirdik eğer hatalı kararlar alıyorsa bu onun kendi hayatı, yani biz karışmayız. Şu ana kadar onları mutlu gördük fakat evlilik bir deniz yolculuğu gibidir."

Baktım adam filozof gibi konuşmaya başladı sormadan edemedim;

"Deniz yolculuğu derken?"

"Hafif sakin olabilir ya da fırtına çıkabilir, önemli olan fırtınalı havada kaptanlık yapmaktır, özellikle de tartışmalı gergin zamanlarda bu çocuklar birbirlerine destek olmayı öğrenecekler. Evlilik en az mutluluk kadar mutsuz zamanları da içerir, partnerler arasında her zaman sevgi olmaz ancak sevgi yerini anlayışa bırakmalı, kimi zaman da anlayış yerini sessizliğe bırakmalı. Eğer ikisi de öfkeliyse susmayı bilmeleri gerekiyor çünkü çok gerginlik olduğunda, sessizlik en büyük çözümdür. Sakinleşir ve birkaç gün sonra aynı konuyu ele aldığında çok daha güzel şekilde çözebilirsin. Elbette insan genç yaşlarda sabırsız oluyor ancak onlar da olgunlaşacak ve öğrenecekler; kimi zaman sabır hayattaki en önemli ilaçtır, zaten olgun insanların evlilikleri bu sebeple daha sağlam oluyor."

"Sizce onlar evlenecek olgunluğa geldiler mi?"

"Daha yirmili yaşlarda olduklarına göre her ikisinin de çocuk olduklarını söyleyebiliriz fakat bu evlilik kararını birlikte aldılar ve sorumluluk almayı da öğrenecekler, başka çareleri yok. Biz ne zaman ihtiyaçları olursa onlara destek olmaya hazırız ancak ileride belki biz olmayacağız bu durumda kendi başlarına ilerlemeyi öğrenmek zorundalar. Hayat böyle bir şey, düşe kalka yaşamayı ve ayakta kalmayı öğrenirsin, önemli olan birbirlerine saygıyı hep korumaları olacaktır.

"Bu nasıl olacak sizce?"

"Tartışmalarda saygısızlık ve kişisel hakaret olmadığı sürece kırıcı bir durum olmaz. Önemli olan saygıyı korumaktır, eşinin bir şans olduğunu ve sana destek vermek için yanında olduğunu asla unutmayacaksın, bu şansı kullanmak yerine onu kırmak, onu üzmek, onu aşağılayan tavırlar içine girmek sadece aptalların işidir. Bazen tek bir kırıcı söz telafi edilemeyecek sonuçlar doğurabilir ve çiftler boşanırlar.

Biz oğlumuzu kadınlara nasıl davranması gerektiği konusunda küçük yaşlardan itibaren eğittik, asla kırıcı veya küstah tavırlar içine girmeyen, kadına değer veren ve onu yücelten bir erkek yetiştirdik. Bizim için onun böyle olması, çok zengin veya güçlü bir adam olmasından daha önemliydi."

Kayınpedere can alıcı soruyu yönelttim; "Bu eğitimi nasıl verdiniz?"

"Eşime davranışlarıma dikkat ederek verdim bu eğitimi. Onun bir baba olarak her zaman beni kendine rol model aldığını biliyordum, her hareketimi gözlemliyor ve annesine nasıl davrandığıma bakıyordu, dolayısıyla asla eşime evliliğimiz boyunca sesimi yükseltmedim ve sorunları çözme konusunda iletişime açık bir adam olmaya çalıştım. Oğlum bende bir saygısızlık görmedi ve bir erkek ailesinde görmediği şeyleri asla yapmaz."

Kayınpedere "Bir kızınız var mı?" diye sordum gülerek, o anda kendi hesabıma çalıştığımı anlayıp güldü ama eminim böyle bir adamın kızını almak kolay olmazdı, muhtemelen beni üniversite sınavından daha zor bazı sınavlara sokar ve notumu düşük verebilirdi.

Bir insanın büyüdüğü aile evinde gördükleri, şahit oldukları, yaşadıkları aslında o insanın nasıl bir evliliği olacağını gösterir, çünkü doğduğun ev kaderindir ancak bazı insanlar kendi kaderlerini değiştirmek için yaşadıkları travmaların üzerine giderek çalışır ve geçmişteki olayların üstesinden gelebilirler. Kaderinizi elinize almak ve mutlu bir evlilik hayatı yaşamak istiyorsanız öncelikle geçmiş travmaların üzerine gitmenizi öneririm. Görmezden geldiğiniz ve çocukluk döneminde kaldı dediğiniz her şey kendi yaptığınız evlilikte birer birer karşınıza çıkar ve ilk başta buna şaşırabilirsiniz. Ama zaman ilerledikçe geçmiş korkuların ve travmaların üzerine gitmeniz daha da zor bir hale gelecektir.

6

TRAVMALARIN GÖLGESİNDE EVLİLİKLER

Erkekler için büyüdüğü evdeki baba modeli son derece önemlidir; öyle ki mesela babası şiddete meyilli bir adamın kendi evliliğinde şiddet göstermesi ihtimali, hiç böyle ortam görmemiş bir erkeğe göre tam otuz kat daha fazladır.

İnsan, çocukluk döneminden itibaren yaşadıklarını normalleştirir ve başka koşulları algılamakta zorluk çeker. Alkolik baba ile büyümüş erkeklerde iki davranış biçimi gelişebilir; babaya benzerlik ya da tam olarak alkol düşmanı bir erkek modeli. Her iki uç davranış da görülebilir ama ortası yoktur. Daha enteresan olanı ise kadınlara baktığımızda karşımıza çıkıyor. Bugüne kadar birebir çalıştığım on beş binden fazla kadının dosyalarına baktığımda karşıma çıkan istatistikler son derece enteresan sonuçları ortaya koyuyor;

Babası alkolik olan kadınların ilişki ve evlilik hayatında seçtikleri erkekler yüzde yetmiş iki oranında alkolik.

Babası şiddete meyilli olan kadınların yine böyle davranış sorunu olan erkekleri seçme oranı yüzde seksen sekiz.

Babası annesini aşağılayan, küfreden ve hep kaba davranan kadınların yine böyle davranış sorunları olan erkekleri seçme oranı ise yüzde doksan bir.

Bunların hepsi gerçek hayattan alınmış gerçek yaşam öyküleri olduğuna göre buraya bir bakmamız lazım; doğup büyüdüğümüz ev, sahip olduğumuz ya da olamadığımız aile, aslında ileride kendi kurduğumuz aile yapısını birebir olarak etkiliyor.

Daha enteresan olan ise sadece davranışlarda değil fiziksel koşullarda da kadınlar baba modelini arıyorlar. Babası renkli gözlü ve açık tenli olan kadınların yine bu özelliklerde erkek partner ile ilişki yaşama oranları yüzde doksan altı. İnanılmaz bir oran.

Babası buğday tenli ve esmer, sakallı olan kadınların aynı tip erkek bulma oranları yüzde seksen.

Babası esmer olan beş kadından sadece bir tanesi açık tenli bir erkek ile evlilik düşünüyor, çok enteresan değil mi? Böyle kadınlar genellikle sakalsız ve açık tenli erkekler için, "Benim tipim değil" ya da "Yakışıklı değil" gibi ifadeler kullanıyorlar.

Babası koyu tenli, hırpani ve sakallı olan kadınlarla yaptığım sohbetlerde beni çok şaşırtan bir test yaptım ve onlara basit bir soru sordum:

"Sence Brad Pitt yakışıklı bir adam mı?"

Yüz kadından seksen altı tanesi olumsuz yanıt verdi, altı tanesi "fena değil" demekle yetindi.

Brad Pitt eğer Türkiye'de yaşasaydı kesinlikle aç kalırdı. Ülkemizde kadınların yüzde seksen oranında koyu tenli ve esmer, sakallı baba modeline sahip olduklarını biliyoruz bu sebeple sarışın, açık tenli, renkli gözlü erkekler ilişkilerde en az tercih edilen sınıfa giriyor. Bunun sebebi tamamen baba modeliyle alakalı bir durum ve kadınların yaptıkları seçimlerde baba modelinin ne kadar etkili olduğunu bundan daha açık bir şekilde gösteren istatistik olamaz.

Demek ki evlilikler sadece kalp gözüyle ve duygularla yapılan bir tercih değil; aynı zamanda bilinçaltında yerleşik bulunan travmalar, algılar, yönelimler ile meydana gelen karmaşık bir seçimler mekanizması. Bir kadın, "ben onu sevdim" derken aslında bahsettiği sevgi ve aşkın içerisinde o güne kadar yaşadığı travmalar, korkular, endişeler, üzüntüler ve umutlar hepsini barındırıyor. Dolayısıyla aşk sadece aşk değil, içinde çok daha fazlası var.

Sarışın ve renkli gözlüler pek tercih edilmiyor derken bunun ispatı olan bir anketi Instagram sayfamda gerçekleştirdim, hikâyeler kısmında basit bir soru sorduk:

Sence hangisi daha yakışıklı?

A) Kıvanç

B) Kenan

Tam 128 bin kadın bu ankete katıldı ve Kenan İmirzalıoğlu 72 bin küsür oyla anketi kazandı. Yani karşısına esmer tip bir erkek koyduğunuz zaman Brad Pitt benzeri adamlar Türkiye'de her zaman kaybederler, çünkü bu ülke aslında Orta Doğu kültürünü temsil ediyor. Neticede biz Norveç değiliz ve kadınlar babalarına benzemeyen adamları yabancı olarak görmeye devam ediyorlar.

Peki ya erkekler? Orada durumlar nedir?

İşte burası bence çok enteresan çünkü erkeklerin anne travması olduğu zaman tercihleri kadınlardan tamamen farklı. Yukarıda görüldüğü üzere kadınlar özellikle de sevmedikleri bir baba modeli olduğu zaman, gerek fiziksel gerekse davranış biçimi olarak benzer bir adam bularak onu değiştirmeye, düzeltmeye çalışıyorlar. Oysa erkekler, sevmedikleri bir anne modeli ile büyümeleri halinde ona tamamen zıt, yani hiç benzemeyen, onu hiç andırmayan bir kadınla ilişki yaşamayı tercih ediyorlar. Sadece bu durum bile, erkeklerin ilişki ve evlilikler konusunda kadınlardan ne kadar farklı bir bakış açısına sahip olduklarını gösteriyor.

Erkekler, kendilerine uyum göstermeyen veya geçmişten kalan travmalarını tetikleyen bir kadınla asla flört etmezler. Bunun sebebi, erkeğin hayat amaçları arasında birini değiştirmek veya düzeltmek yer almaz.

Erkek şunlara bakar:

Bu insan bana ne kadar uyumlu?
Bu insan beni ne kadar mutlu eder?

7

ERKEK KIRMIZI ELMA SEVER

İlişkilerde kırmızı ve yeşil elma tezini birkaç senedir YouTube kanalımda işliyorum.

Erkekler kırmızı elma sever çünkü onlar tanıştıkları andan itibaren kendilerini anlayacak, uyumlu ve yanında mutlu hissettikleri kadınları evlilikte tercih ederler.

Bunun anlamı nedir?

Flört aşamasında, birkaç hafta boyunca erkek flört ettiği kadını tanımak için gözlem yapar ve çeşitli konularda bu kadının davranış tarzını anlamaya çalışır. Örneğin maddiyat konusunda kız arkadaşını test etmek için erkeklerin uyguladıkları ufak bir test vardır; ilk görüşmeye son derece sıradan ya da eski model bir arabayla giderek kızın tepkilerine bakar.

Yaklaşık on sene önce flörtüm olan kızı evinden almaya kendi arabamla gitmiştim, o zamanki arabamın oldukça eski model bir araç olduğunu söylemeliyim yani kesinlikle lüks sınıfla ilgisi yoktu. Evinin kapısından çıktıktan sonra arabamı gören flörtüm, arabanın açık olan camından bana bakarken daha arabaya binmeden "Taksiyle gitsek olur mu?" diye sorunca arabamı oraya park ettim ve taksi çağırdık. Neden böyle davrandığını sorduğumda gideceğimiz yerin son derece lüks bir mekân olduğunu ve orada tanıdığı insanlar olması nedeniyle böyle eski bir arabayla giderse kendisiyle dalga geçileceğini söyledi.

Zaten kendisiyle evlenmek gibi bir niyetim yoktu ancak bu tavrını görünce flört konusunda da benim için doğru insan olmadığını anladım, çünkü başkalarının yargılarına bu kadar fazla değer veren bir insan asla iyi bir partner olamaz. Konu bugün araba, yarın başka bir şey olabilir ama her zaman insanların yorumlarından etkilenen birisi partnerini yarı yolda bırakmaya yatkındır.

Bunu erkeklerde anne konusunda çok sık görürüz ve ilerleyen sayfalarda Ana Kuzusu Erkek ile Evlenmek bölümünde, konuya detaylı olarak değineceğim.

Her erkeğin kırmızı elma tanımı farklıdır ve bunu maddeler halinde yazması gerekir. Ben kendi listemde ilk sıraya her koşulda birliktelik maddesini koyduğum için arabamın modeline veya maddiyata takılan bir kadın benim için yeşil elma oluyor, yani henüz olgunlaşmamış; çünkü diğer insanların yargı ve yorumlarından bağımsızlığını kazanamamış. Bunu çevremdeki diğer erkekler ile paylaştığımda beş yüz tane farklı profilden görüş almaya karar verdik. Onlara evlilikte ideal eş olarak gördükleri kırmızı elma tanımlarını sorduk ve on maddeden oluşan ortak yanıtları burada sizinle paylaşıyorum:

1) Kadının maddiyatçı olmaması.
2) Kadının maddiyatçı olmaması.
3) Kadının maddiyatçı olmaması.
(Şaka değil, ilk üç maddeye koyulmasını istediler.)
4) Annesi ile eşinin iyi ilişkiler kurabilmesi.
(Çok hassas bir madde.)
5) Zorluklarda kadının şefkatini ve varlığını hissetmek.
6) Özellikle işler yolunda gitmediği zamanlarda

evde sessizlik veya olumlu destek.

7) Zevklerin uyuşması, örneğin birlikte gezmek veya aynı filmlerden hoşlanmak.

8) Mizah anlayışında uyum, aynı şeylere gülebilmek.

9) Başka insanların yorumlarından etkilenmeyen bir eşe sahip olmak.

10) Üstüne gelmeyen, sürekli arayıp sormayan bir eşe sahip olmak.

Son maddeye çok sayıda kadının tepki göstereceğini tahmin ediyorum çünkü bunu isteyen bir erkeğin mutlaka aldatan erkek statüsünde olduğunu düşünebilirler, ancak durum öyle değil. Erkekler genel olarak üstüne gelen, baskı uygulayan ve ısrar eden kadından hoşlanmazlar. Aslında onu kendi haline bırakan ve kimi zaman yalnız kalmasına izin veren yani bireysel alanına saygı gösteren kadın, erkeklerin evlilikte ilk tercihidir.

Her ne kadar erkeklerden bu konuda, aynı kadınlar gibi sürekli iletişim içeren bir ilişki beklense de erkek davranış biçimi bu şekilde değildir. Peki ama neden?

Nörolojik olarak biz erkekler görsel beyin dediğimiz mantık ve analiz içeren tarafı kullanırız; yani erkekler böyle yaratılmış dersek daha net olacaktır.

Oysa kadınlar limbik sistem yani duygusal beyni daha yoğun olarak kullanırlar, işte bu sebeple duyguları ile karar verme oranı kadınlarda çok daha yüksektir. Bu durumda erkeklerin davranış biçimi olarak kadınlarla birebir aynı olmalarını beklemek tamamen hayalciliktir. Üstelik erkekler ve kadınlar her konuda aynı hissedip davranıyor olsalardı hiçbir evlilik keyifli olmazdı, öyle değil mi?

Nörolojik ve anatomik olarak bu kadar farklı olmamıza rağmen iyi anlaşabilmek, aramızdaki uyumu yakalamak ve birlikte mutlu olmak gerçekten büyük bir başarı diyebiliriz fakat asla imkânsız değil. Bu kitapta sizi bu başarıya götürecek tüm bilgileri sunuyorum, karşılaştığınız bazı bilgiler sizi tedirgin edebilir veya hoşunuza gitmeyebilir ancak bunları içselleştirip kendi hayatınızda uyguladığınız zaman, aslında biz erkeklerin ne kadar kolay yönetilebilir olduğumuzu göreceksiniz.

Yukarıdaki kırmızı elma yani kendisi için ideal eş maddelerini ortaya koyan erkeklerin söyledikleri bir konu daha vardı, özetle buradan onların sesi oluyorum.

Kırmızı elma gibi olgun ve keyifli bir kadın bulduğum zaman, bunu en fazla üç ay içerisinde anlarım ve kafamda evlilik senaryoları üzerine sahneler açılmaya başlar. Örneğin bir tartışmada bana nasıl davranıyor, fevri tepkileri oluyor mu, ben ona saygılı davranmama rağmen bana karşı saygısızlık ediyor mu, moralim bozuk olduğunda ve yalnız kalmak istediğimde üstüme geliyor mu ve bana karşı baskı uyguluyor mu? Bunları tam olarak anlamadan evlilik kararı vermem; emin olduğumda ise arkama bakmadan yüzüğü alırım!

8

KADINLAR YEŞİL ELMAYA BAYILIRLAR

Kadınlar genelde şekil verebilecekleri adamları severler. Adamın üzerinde uğraşmak, didinmek ve onu kendi istedikleri şekle sokmak kadınların hoşuna gider, bana kalırsa bunu bir çeşit ev temizliği gibi görürler.

Bir ev arayan kadın, emlakçıyla birlikte eve girdiğinde o evi beğeniyorsa aslında içeriye girdiği andan itibaren zihninde kurduğu evin gelecek tasarım resmini beğeniyor demektir. Hayal etmeye başlar, aslında ilk girdiği anda son derece köhne ve bakımsız olan evi kendisinin nasıl bir sanat eserine dönüştürebileceğini bilir, yeter ki salon biraz güneş görsün, rutubet olmasın, tuvaletler su akıtmasın!

Yani bunun anlamı; yeter ki adamın en azından bir işi gücü olsun (bazı kadınlar işsiz güçsüz adamlara bayılırlar, orası ayrı konu) iyi kötü bir ailesi olsun, güzel sözler söylesin arada, inci dişleri olmasa da altın dişi olmasın bari, iki şiir okusun, bunlar kadın için yeterlidir! Adam aslında dışarıdan bakıldığı zaman tam bir at hırsızı olsa bile kadın onu beyaz atlı prens olarak görmeye başlar çünkü zihninde bu adamı bambaşka biri olarak hayal etmektedir. İşin garibi, adamın bundan haberi bile yoktur.

İşte bu sebeple çok sayıda erkeğin dudaklarından şu sözler dökülür;

"Bu kadın bende ne buluyor ben de bilmiyorum..."

Önceki bölümlerde kadınların ilişki ve evlilikte, erkek seçimiyle ilgili olarak bilinçaltında yer alan baba modelinden farkında olmadan ne kadar etkilendiklerini sayılarla ve analizlerle ortaya koymuştuk. Kadınların yeşil elma sevmelerinin sebebi de budur, elbette her kadın değil ancak yüzde seksen diyebileceğimiz yüksek bir oran özellikle de kırk yaş öncesindeki kadınlar, aslında bilmeden bilinçaltı yoluyla yaptıkları erkek seçimlerinde babalarına benzeyen ve düzeltilebilir olduğunu düşündükleri erkeklere yönelirler; ya da enerji olarak onlara doğru çekilirler. Etraflarında bir sürü başka çeşit adamlar varken, bilinçaltı bu diğer adamları fark etmelerine bile izin vermez ve doğrudan baba modelini andıran adamlara doğru hipnozdaymış gibi yönelmelerine neden olur.

Bakın size yaşanmış bir örnek; iki sene kadar önce yanımda bir kız arkadaşımla (sadece arkadaşız ve çok sevdiğim bir arkadaşım) ortak dostumuzun doğum günü partisine gittik. Bana eşlik eden arkadaşımı yirmi senedir tanıyorum dolayısıyla annesini, babasını tüm ailesini tanıyorum. Partiye giderken bana kesinlikle bir flört istemediğini ve eğer bir çocuk ona yönelirse hemen araya girip sevgilisiymiş gibi davranmamı istedi, ben de bazı erkeklerin almak zorunda oldukları bu rolü adeta kutsal bir görev gibi üstlendim. Parti devam ederken bunun gözü bir çocuğa takılmaya başladı, çocuğu uzaktan kesiyordu ve bu konuda kendini tutamıyordu. Neyse ben bir ara banyoya gittim, döndükten sonra bir de baktım çocuk bunun yanına gelmiş sohbet ediyorlar, elbette hemen zor gün dostu olarak araya girdim ve onlara yaklaşıp "Kız arkadaşımı rahatsız etme dostum" dedim. Çocuk mahcup bir ifadeyle bana bakarken bizimki aniden bana yapıştırdı; "Ne kız arkadaşı ya biz kardeşiz seninle!"

Ben daha ne olduğunu anlamadan çocuğa dönüp, "Kusura bakma canım onunla aramızda hiçbir şey yok çok eski dostum, şimdi bizi rahat bırakacak, sohbetimize devam edelim." dedi ve sonra bana gözlerini patlatarak dövecek gibi bakmaya başladı, hemen uzaklaşmamı işaret etti. Geri kalan zamanda ben başkalarıyla sosyalleşmeyi tercih ettim.

Parti bitti, yine hanımefendi hazretleri ile buluştuk ve taksiye bineceğiz, benim surat astığımı görünce hemen kendini açıklamaya girişti; "Canım benim çocuk çok hoşuma gitti ne yaparsın işte bazen oluyor böyle şeyler."

"İyi de sen benden kendin rica ettin, böyle yap şöyle yap falan filan!"

"Valla partinin en yakışıklı adamını görünce dayanamadım!"

"Hayatım en yakışıklı dediğin adam hırpani bir at hırsızı gibiydi, sakallarından gözleri görünmüyordu ve dişleri sarıydı bu arada farkındaysan, yani tamam anladık istediğini yap ama en azından bir gözlük tak öncesinde."

"Yok canım ya Brad Pitt gibi adam bence, aşırı hoşuma gitti!"

"Bir yanlışlık olmasın, aynı adamdan mı bahsediyoruz?"

"Evet, yanımdakiydi işte..."

"Canım, ben sonra baktım bu adamın yanına kimse yanaşmadı parti boyunca. Hatta herkes 'Bunu kim davet etti?' falan diyordu."

"Valla bence benimle tanışmak için gelmiş, tam

bana göre çok tatlı bir çocuk."

"O kadar beğendin yani?!"

"Ya Adil anlamıyorsun ben onu şimdi öyle bir değiştireceğim, giyimi kuşamını falan öyle bir hale getireceğim ki en fazla altı ayımı alır."

Ben suskun kalınca devam etti; "Tam bana göre, işi gücü de yokmuş zaten ben onu iyi bir işe sokarım, çevrem geniş biliyorsun, onun kıçına donunu bile ben alacağım, bebek gibi bakacağım ona!"

Şaşkın bakışlarımı görünce gülümsedi; "Ablan sanatçı bebeğim, neler yapacağım neler... Göreceksin, ben böyle adamlara bayılıyorum üzerinde çalışıyorum ve sonrasında da sözümden hiç çıkmaz zaten, robot gibi ben ne dersem onu yapar valla."

"İyi de neden uğraşıyorsun böyle şeylerle, hazırı varken?"

"Canım sen anlamıyorsun ben aslan kadınıyım, ben ne dersem o olur! Bana ne kendi ayakları üzerinde duran güçlü erkeklerden? Ben zayıf, karaktersiz, pasif erkekleri severim, benim sözümden çıkmasın, ben onu yöneteyim, herkesin zevki farklı ben de bundan keyif alıyorum."

Bu arada partide konuştuğu çocuk, arkadaşımın hırpani babasına birebir olarak benziyordu, babasını yakından tanıdığım için çocuğun sarı dişlerini görünce direk kızın babasını anımsadım. Kendisine bunu anımsatma gereği görmedim çünkü kadınlar genelde bunu kabul etmezler, yani "Babana benzeyen modelleri seçiyorsun" dediğinizde, "Ne alakası var şimdi, bunu da nereden çıkardın?" gibi tepkiler alıyorsanız, şaşırmayın.

9

SÖZ DİNLEYEN ERKEK MODELİ

Günümüzde sayıları hızla artıyor, her yerde onlarla karşılaşabilirsiniz özellikle gençler arasında bu söz dinleyen erkekleri göreceksiniz, yirmili yaşlardaki Z kuşağında erkekler genel olarak pasif, yumuşak huylu ve ilişkide olduğu kızın huyuna suyuna gitmeye çalışıyorlar.

Öte yandan Z kuşağındaki (bugün on sekiz ila yirmi beş yaş arasında olanlar) kızlar son derece dominant karakterde takılıyorlar. İşte bu kızlar Adil'e Sor uygulamasından bana her gün gönderdikleri sorularda erkek arkadaşlarını nasıl hırpaladıklarını, dövdüklerini, çocuğa hakaret ettiklerini yazdıkları zaman açıkçası şaşırıyorum. Çünkü sadece yirmi yıl içerisinde jenerasyon nasıl böyle bir değişim içerisine girdi, bunu kestirebilmek zor. Sanki planlı bir değişim süreci başlatılmış ve erkeklerin söz dinlemeleri için özel bir çalışma yapılıyormuş gibi bir hava var.

Bir erkeğin söz dinleyen, uyumlu adam olması kötü bir şey mi?

Asla değil. Zaten mesele bu değil, çok farklı bir pencere açık kaldığı için söz dinleyen erkek modeliyle evlenen kadınlar cereyanda kalıp genelde mutlu olamıyorlar, nasıl mı?

Evli bir arkadaşım bir gün benimle dertleşmek istediğini söyledi ve kahve içmek için bir araya geldik. Daha oturur oturmaz kocasından bahsetmeye başladı ve adamı kötülüyordu. Adamı tanımasam inanabilirdim ancak tanıdığım için konuşurken bir an durmasını işaret ettim ve ne olduğunu sordum; kısa bir süre sessiz kaldı ve sonra şunları söyledi;

"Onun bir erkek olduğunu hissetmiyorum. Ben ne dersem onu yapıyor ve sürekli bana uyumlu olmaya çalışıyor. Evliliğimizde erkek rolünü tamamen ben üstlendim ve bu durumdan sıkılmaya başladım. Tüm kararları ben veriyorum, bir kocam olduğunu hissetmiyorum."

"En başından beri istediğin bu değil miydi?"

"İyi ama ben erkek gibi davranmak zorunda değilim!"

"Benden tam olarak ne duymak istiyorsun? Gerçekleri mi yoksa kendi duymak istediklerini mi söylememi istiyorsun? Gerçekleri duymak her kadının hoşuna giden bir mesele değildir."

"Ben gerçekleri duymak istiyorum."

"Peki o zaman" diye söze başladım, "Ne zaman bizim ekip içerisinde kocanla seni yan yana görsek adamın senin yanında konuşmaktan korkar bir halde olduğunu fark etmemiz zor değildi, çünkü ne zaman söze girse veya bir konuda fikir beyan etse onu yanımızda tersliyordun. Bunu sadece bizim yanımızda yapmadığına eminim yani her ortamda kocana işkence ediyorsun ve başkalarıyla vakit geçirdiğinizde evliliğinizdeki erkek senmişsin gibi davranıyorsun. Kocan da evliliğinizi korumak adına bu rolü kabul etmiş sana hiç ses çıkarmıyor, şimdi anlamadığım şey daha ne istiyorsun?"

"Bilmiyorum. Gerçekten bilmiyorum. Zaten bütün mesele burada, ben onu yönetmeyi seviyorum, benim dediklerimi yapması çok hoşuma gidiyor ancak sanırım biraz abartılı bir noktaya geldik, bu durum beni sıkmaya başladı."

"Yani zamanla bu yönetme huyundan aldığın keyif azaldı, artık başka bir şey istiyorsun?"

"Aynen öyle."

"Nasıl bir şey istiyorsun?"

"Yanında kendimi ufak bir kedi gibi hissedeceğim bir erkek bulsam fena olmazdı."

"Boşanmaktan mı bahsediyorsun?"

"Hayır ya, ne alakası var? Sadece kısa süreli bir maceradan bahsediyorum, bir erkeğin yoğun pos bıyıklı eril enerjisine ihtiyacım var!"

Şaşkınlıktan ağzım açık kalmış ona bakıyordum; neredeyse on senedir tanıdığım bu arkadaşımın yanında bırakın pos bıyıklı erkeği, güçlü karakterde herhangi bir erkek bile görmemiştik, kendisi sadece söz dinleyen erkek modelleriyle karşımıza çıkmış ve sonunda böyle bir modelle evlenip ailesini kurmuştu. İki tane çocukları vardı ve dışarıdan gözlemlediğim, çocukların babalarına hiçbir saygısı yoktu. Evdeki tüm sorumluluk, maddi ve manevi anlamda tüm iktidar tamamen kadındaydı ve bu durumdan deli gibi keyif alıyordu. Aslında doğru bir evlilik yapmış ve kendisine asilik yapmayacak bir erkek bulmuştu, o zaman sorun neredeydi?

10

ERİL DİŞİL ENERJİ DENGESİ

İlişkilerin ve evliliklerin en büyük sırrı enerjilerin dengelenmesidir. Buna topraklanma diyelim.

Evlilikte sağlıklı cinsellik, muazzam bir ten uyumu yaşandığı zaman, topraklanma ile bedensel ve ruhsal enerjiniz dengelenir. Dolayısıyla eşler arasında bu topraklanma olmadığı zaman, ister istemez bedensel gerginlikler başlar. Aslında evli çiftlerde yaşanan tartışmaların birçoğu anlamsız konularla ilgilidir, asıl mesele aralarında konuşulamayan bu enerji dengesidir.

Erkeğin ve kadının rolleri evlilik içerisinde bellidir ve sürekli birbirlerine yardımcı olmaları, fedakârlık yapmaları esası üzerine dayanır. Fedakârlık olmadan bir evliliğin uzun süreli olması mümkün değildir. Erkeğin evlilik içerisinde kadının oyun alanına girmesi ve onun rolünü çalması ne kadar garip bir durum oluyorsa, kadının da evlilikte erkek gibi davranması rol karmaşası yaratır. Hadi diyelim ki daha önceki örnekte olduğu gibi erkek buna karşı suskun ve sakin kalsın, bu sonsuza kadar süremez çünkü bir süre sonra kendini yeniden erkek gibi hissetmek için bir şeyler yapacaktır. İşte en kötü senaryo da burada başlıyor.

Normalde aldatma huyu veya becerisi olmayan ancak yine de aldatan erkekler üzerinde bir araştırma Stanford Üniversitesi'nde 1998 yılında yapılmış ve eşini aldatan 421 beceriksiz çapkın erkek (normalde çapkınlık özelliği bulunmayan) birbirine benzer beyanlarda bulunmuşlar.

"Artık evde kendimi bir erkek gibi hissetmiyordum, bu arada ofiste bir kadın bana ilgi göstermeye başladı ve ondan güzel sözler duyunca eşimin evdeki eleştirileri sürekli beynimde yankılandı. Ne zaman eve gitsem daha kapıdan girdiğim andan itibaren; 'Nerede kaldın? sen adam değilsin, sen kariyerinde.... başarısız oldun' gibi ifadelerle sürekli kendimi yetersiz hissetmeme sebep oluyordu. Bu yetersizlik hissiyle boğuşmaya çalışırken, karşıma çıkan bir kadının bana yeniden erkek gibi hissettiren ilgisi hoşuma gitti, kendime geldiğimi ve hayata döndüğümü hissettim. Normalde çapkınlık yapacak bir adam değilim, yıllardır aklımdan bile geçmemişti ama itiraf ediyorum ki hep bu kabusa dönen evlilikten bir çıkış yolu arıyordum, bu yolun başka bir kadından geçtiğini görünce hiç düşünmeden bu yola girdim. Yeniden bir erkek gibi hissetmek harika bir duygu!"

Bu adamların ortak özellikleri, aslında evlilik dışı ilişki konusunda hiçbir yönelimleri olmamasıydı ancak yeri gelince bu fırsatın üzerine atlıyor olmaları evliliklerinde ne kadar mutsuz olduklarını gösteriyor. Aynı durumu yaşayan kadınların sayısı oldukça fazla çünkü evlilikte eril dişil enerji dengesi kaybolduğu zaman, artık kimse kendini mutlu hissetmiyor ve evlilik onlar için kabus gibi bir deneyime dönüşüyor.

Hayatın her alanında bizi dengeleyen, yeri geldiğinde bizi durduran ve yeri geldiğinde bizi motive eden insanlara ihtiyacımız var fakat özellikle evlilik içerisinde en çok ihtiyacımız olan da işte böyle bir partnerdir. Öyle ki eğer hayat arkadaşımız bile bize kendimizle ilgili gerçekleri söyleyemiyorsa, o zaman hayat boyunca kendimizi kandırmaya devam ederiz. Bir erkeğin veya bir kadının eşine karşı rahat konuşamıyor olması, söz söylerken korkuyor olması, ondan çekinmesi ve hep pohpohlayan bir tavır içinde olması evliliği bitiren unsurların en başında geliyor dolayısıyla ne olursa olsun bize doğruları söyleyen ama bunu elbette en doğru üslup ile bizi kırmadan ve incitmeden söyleyen bir hayat arkadaşı bulmak, kendimizle ilgili yapabileceğimiz en zekice hamledir.

Unutmayın, zekanın duygularla hiçbir ilgisi yoktur. Zekâ, bizim en büyük rehberimizdir.

11

ERKEKLER GÜÇLÜ KADINLARI NEDEN SEVMEZLER?

Öncelikle bunun doğru olup olmadığına bir bakalım.

Erkekler bu konuda ikiye ayrılırlar:

1. Güçlü kadınlara karşı önyargılı erkekler birinci sınıftadır. Yani "ben bu kadını yönetemem, benim dediklerimi yapmaz ve ona emir veremem" diye düşünen eski kafalı erkeklerin sayısı belki dünyada azalıyor ancak Orta Doğu toplumlarında hâlâ çok fazla. Bu durum kültürel ve inanç sistemleriyle bağlantılı olarak kadınların baskı altına alınmasından kaynaklanıyor, haklarını kazanmakta sıkıntı yaşıyorlar. Kimi ülkelerde ehliyet ve araba kullanma hakkını bile yeni kazandıklarını unutmamak gerekir.

2. İkinci grupta yer alan erkekler ise güçlü kadınları aslında çekici bulurlar ama evlilik konusunda onları tercih etmiyor olmalarının sebebi çok farklı bir yerde gizlidir; güçlü kadınların sık söyledikleri bir sözü duyunca hemen uzaklaşmayı tercih ederler:

BENİM KİMSEYE İHTİYACIM YOK!

İşte bu cümle, normalde evlilik planları yapmasına rağmen bu fikrinden aniden vazgeçen çok sayıda erkeğin kâbusu olmuştur ve son yıllarda bu cümleyi söyleyen kadınların sayısı gittikçe artıyor. Bakın özellikle tekrar yazıyorum:

BENİM KİMSEYE İHTİYACIM YOK!

Bu cümle basit bir cümle değil, çok daha büyük ve gizli anlamlar içeriyor.

Benim kimsenin yardımına ihtiyacım yok ama özellikle sana da ihtiyacım yok, sen kimsin ki sana ihtiyacım olacak? Ben zaten güçlü bir kadınım, kendi hayatımı kazanırım, sen benim hayatımda olsan da olur olmasan da olur bana fark etmez, sen kafana göre takıl ve bu arada benim yanımda kendini güçlü hissetmeni istemiyorum. Çünkü ben diğer kızlar gibi değilim, seni övmeye çalışmam, sana güzel sözler söylemek zorunda değilim ve hatta gecenin bir yarısı ihtiyacım olduğunda bile asla sana haber vermem çünkü anlamıyorsun işte ben güçlü bir kadınım ve kimsenin bana yardım etmesine ihtiyacım yok, her işimi kendim hallediyorum.

İşte bu söz var ya, duyan erkeği sizden kilometrelerce uzaklaştıran sihirli bir kalıp cümle gibidir, eğer bir erkeği kendinizden soğutmak istiyorsanız hemen bunu söyleyin, merak etmeyin bir daha sizi aramaz.

Neden mi?

Çünkü bu cümlenin özünde, ona kendi hayatınızda bir yer olmadığını da söylemiş oluyorsunuz oysa bir erkek hangi kadının ihtiyacını hissederse onun yanına gidecektir, orada kendini güçlü ve işe yarar bir adam gibi hissedecektir, maalesef erkeklerin evrimi tamamlanmadı dolayısıyla biz hâlâ böyleyiz. Nedenleri ve nasılları bir kenara bırakıp olanları, yani karşımızdaki gün gibi açık gerçekleri sizinle paylaşıyorum. Bu tip gerçeklere uyum sağlayamayan insanların ilişkilerinde mutlu olduklarına hiç şahit olmadım; öte yandan erkekleri çözen ve onları idare etmeyi bilen (eski tip bulaşık makinesi gibi olmaları nedeniyle erkekleri idare etmek aslında kolaydır) kadınların evlilikleri asla sona ermiyor.

Sadece oyunu kuralına göre oynuyorlar, hepsi bu.

12

ANA KUZUSU ERKEK İLE EVLENMEK

Sadece o adamla değil aynı zamanda annesiyle de nikah kıymış olacaksınız. Bir taşla iki kuş vuruyorsunuz ama bu kuşları nasıl besleyeceğinizi siz düşünün artık!

İlişki aşamasında bir adamın annesine ne kadar bağlı olduğunu kolaylıkla anlarsınız, daha birinci akşam yemeğinizde telefonu çalmaya başlar: "Neredesin oğlum? Ne zaman eve geleceksin oğlum? Seni özledim oğlum..."

Bu adam kimi zaman kırk yaşlarında olabilir, iyi bir şirkette üst düzey yönetici olabilir ama hiç fark etmez çünkü bu adamların anneleri ile ilişkisi çok farklıdır, onun sözünden asla çıkamazlar yani çocukluk döneminden kalma bir alışkanlık diyebiliriz. Bu tip ilişkilerde araya girebileceğinizi asla düşünmeyin çünkü adamın annesiyle arasına giremezsiniz.

Neden mi?

Bir kadın düşünün, yani adamın annesinden bahsediyorum; onu doğurmuş, beslemiş, büyütmüş ve şekil vermiş, adamın her şeyine yön vermeye tam kırk senedir alışmış yani bunu artık gözleri kapalı halde yapabiliyor. Siz o adamın hayatında bir senedir yer alıp onun dümenine geçmek ve annesinin baskın tavırlarına bir yanıt vermek istiyorsunuz, her şeyden önce bunu yapmak istediğinize emin misiniz?

Adil'e Sor uygulamasından bana en çok gelen soruların başındadır; "Hocam biz evleneceğiz ama bu adamın annesiyle ilişkisi beni gerçekten çok rahatsız ediyor bu konuda ne yapabilirim?"

Adamın annesiyle mutlaka oturup tanışmanızı öneriyorum, bu tanışmayı evlilik hazırlıklarına girmeden çok önce yapmanız gerekiyor. Bu görüşmede kesinlikle adam olmasın, kadının gözlerinin içine bakarak onun konuşmalarını gözlemleyin, size karşı davranış biçimini ve masada otururken, size bakarken ondan aldığınız enerjiyi mutlaka hissetmeye çalışın. Bazı insanlar hiç konuşmasalar bile onların yanında kendinizi berbat hissedersiniz, işte tam olarak bundan bahsediyorum, eğer sizi ciddiye almayan bir tavır içine giriyor ve hatta ileri gidip sizi aşağılıyorsa o zaman sirenler sizin için çalıyor demektir. Örneğin bazı anneler oğlunun eski ilişkilerinden bahseder, onun etraftan çok talep gören ve son derece beğenilen bir çocuk olduğunu, onun ricası üzerine sizinle görüşmeye geldiğini normalde böyle tanışmalardan hoşlanmadığını, aslında şu aşamada oğlunun da kariyer yoluna devam ettiğini ve olası bir evlilik planlaması için daha çok erken olduğunu söyleyebilir.

Bu tip sizi hakir gören tavırlarla, zoraki bir görüşmede olduğunuzu hissediyorsanız kibarca işleriniz olduğunu söyleyerek görüşmeyi sonlandırın. O kadınla çok fazla muhatap olmak zorunda değilsiniz. İnanın, size karşı önyargılı olan insanlara kendini sevdirmeye çalışmak sadece zayıf karakterde olanların işidir. Siz zayıf değilsiniz, hemen kalkın masadan ve bir yere yetişmek zorunda olduğunuzu söyleyin.

Sonra, adamla bir yüz yüze görüşme ayarlayın ve annesinin kesinlikle sizi sevmediğini, size kaba davrandığını ve bu durumda ilişkiyi bitirmenin sizin için çok önemli olduğunu söyleyin, gerekirse zaman kaybına tahammülüm yok diyebilirsiniz. Çok net konuşmalısınız, tekrar ediyorum hiç tereddüt etmeden çok net konuşmanız gerekiyor.

Bu arada netlik asla sertlik değildir, nasıl mı? Bakın size anlatıyorum...

13

NETLİK ASLA SERTLİK DEĞİLDİR

Nedendir bilmiyorum ama genelde netlik kazandırmak için sert olmak gerektiğini zannederler, oysa gerçek hiç de öyle değildir. İnsanlara sert konuştuğunuz zaman belki sizden çekinirler ancak onların saygısını kazanmanın yolu bu değildir.

Aslına bakacak olursanız ne sürekli sert ne de sürekli yumuşak olmak akıllıca değil, asıl mesele tatlı sert dediğimiz kıvamda olabilmekte yatıyor. Kimi zaman onurlandırmak, kimi zaman da sınırları çizmek ve bunu son derece net bir üslup ile yapabilmek insanlara verebileceğiniz en güzel mesaj olacaktır, konu aşk, ilişkiler veya sosyal hayatınız olabilir ancak ne olursa olsun kendi sınırlarınızı belirleyip karşı tarafa iletmeniz gerekir.

Eğer ana kuzusu bir adamla flört ediyor ve üstelik onunla evlilik gibi ciddi bir karar alıyorsanız bu durumda evlilik süreci başlamadan önce onu karşınıza alıp çok net konuşmanızı tavsiye ediyorum.

"Bak canım, geçenlerde annenle oturduk konuştuk, kendisiyle tanışmak beni mutlu etti çünkü tanışınca zihnimde her şey netleşmiş oldu, artık hiçbir soru işaretine yer bırakmayacak şekilde annenin benimle iyi bir ilişki kurmak istemediğini biliyorum. Tam tersine, görüşmemiz boyunca bana laf sokmaya ve rahatsız eden cümleler söylemeye devam etti. Eğer kendisi bana bu şekilde yaklaşmak istiyorsa kendi seçimidir, saygı duyarım ancak ne olursa olsun ben senin annene ne kadar bağlı olduğunu biliyorum ve bu durumda ilişkimize devam etmemiz bana pek sağlıklı gelmiyor. Elbette annen kendi davranışlarını kontrol edecek yaşta olgun bir kadın dolayısıyla bu konularda tutup da onu uyaracak değilsin, belli ki ilişkimize onay vermiyor ve kendince sebepleri olabilir. Ancak endişelerini benimle paylaşmak yerine rahatsız edici laflar etmesi, açıkçası beni tam anlamıyla hayal kırıklığına uğrattı diyebilirim."

Bu konuşmada, kendinizi ifade ettiniz ve muhtemelen şöyle bir yanıt alacaksınız:

"Pekâlâ ben onunla konuşurum ve derdi neymiş anlamaya çalışırım."

İşte tam burada şunları söylemeniz gerekiyor:

"İyi ama benim yüzümden veya ilişkimiz yüzünden annenle kötü olmanızı istemiyorum çünkü o senin annen ve ben tanışmadan önce böyle bir tavır beklemiyordum ama tekrar söylüyorum, çok iyi oldu çünkü seninle evlenmemiz halinde nasıl bir kayınvalide ile muhatap olmam gerekeceğini de anladım. Dürüst olmam gerekirse bu benim götürebileceğim bir ilişki türü değil, yani onunla daha şimdiden böyle geriliyorsak ilerde büyük krizler çıkabilir ve ben alttan almaya müsait bir kadın değilim, ayrıca birinin bana karşı kötü tavırlarını alttan almak zorunda değilim. Benim yerimde kim olsa böyle bir şey yaşamak istemez."

Bu cümleler baştan sona netlik içeriyor, asla geri adım atmadan düşüncelerini söyleyen bir kadın olabilirsiniz ve emin olun evlenince eşim annesini idare eder diye düşünüyorsanız tamamen yanılıyorsunuz.

Evlilik öncesi problemler evlendikten sonra azalmayacak ve hatta yüz katına çıkacaktır.

14

EVLİLİK ÖNCESİ AĞIR SORUNLAR

Evlilik öncesi dönemde yaşanan sorunlar evlendikten sonra katlanarak çoğalır. Evlendikten sonra problemlerin aniden ve kendi kendine çözülmesi gibi bir mucizeye dünya tarihinde hiç rastlanmamıştır. İnsanlar flört ve ilişki sürecinde birçok sorunu tespit eder ama genelde bunlara düzelir umuduyla yaklaşırlar oysa karşılıklı emek vermeden hiçbir problemin çözülmesi mümkün değildir. Bunu özellikle söylüyorum çünkü aşağıdaki maddelerde yer alan sorunlar flört sürecinde karşınıza çıkıyorsa kendinize yalan söyleyerek onun aniden değişmesini beklemeyin.

1) Sevgilim çok cimri!

Nasıl değişecek? Yani para harcamayı sevmemek patolojik bir davranış biçimi. Bazı insanlar vardır, bir yere yanlışlıkla on lira fazla ödemiş olsalar gece gözlerine uyku girmez ve ertesi gün o parayı geri alabilmek için kâbus görürler. Para bir hastalıktır, bir hırs meselesidir, insanın büyüdüğü evden, yaşadığı yokluklardan ve daha birçok şeyden etkilenir. Bu durumda sizinle flört eden cimri bir insanın sadece siz onu seviyorsunuz diye aniden para yağdıran biri olmasını beklemeyin çünkü insanlara uzun yıllardır şöyle bir yalan söyleniyor, sevgi her şeyi iyileştirir! Bunu kim nereden çıkardı bilmiyorum ama alakası bile yok, öyle olsaydı bu kadar yoğun ve derinden seven kadınların olduğu bir dünyada erkeklerin mükemmel olmaları gerekirdi, nereden çıkarıyorlar bu yalanları? Sevginizle bir insanı cömert hale getiremezsiniz, paranın sevgiyle hiçbir ilgisi yoktur, yokluk bilincinde yaşamış bir insan paraya sımsıkı bağlanır ve onu kaybetmemek için her şeyi yapar.

2) Sevgilim çok kaba ve küfrediyor!

Size tartışmalar esnasında ağza alınmayacak küfürler ediyor ve siz orada onunla kalmaya devam ediyorsanız bundan sonra daha fazlasını duyacaksınız, bundan emin olabilirsiniz. Asla azalmayacak ama hep artarak devam edecek çünkü kaba bir insan sürekli gaza basan bir araba gibidir, karşısına bir duvar çıkmadığı sürece hızlanarak devam eder. Onu durdurmanın yolu ona sevgi göstermek değildir, yani size karşı son derece terbiyesiz davranışlarda bulunan bir insana sevgi gösterdiğiniz zaman onu onaylamış olacaksınız. Gerçekten onun tüm davranışlarını onaylamak istiyor musunuz? Bunu yapmanız halinde kendinize olan saygınızı kaybedersiniz çünkü öz benliğiniz belli bir noktada size yanlış yaptığınızı gösteren kötü sinyaller verecektir.

15

EVLİLİK ÖNCESİ BÜYÜK SORUNLAR

Evlilik öncesi ağır sorunlar gibi büyük sorunlara da değinmek isterim. Bu sorunlarla karşılaşan binlerce kadın gördüm ve aslında sorunlara yaklaşım tarzı genelde benzerdi, karşınızdaki problem ne olursa olsun sizin o probleme yaklaşım tarzınız belirleyici olacaktır dolayısıyla sizdeki yansıması son derece önemlidir.

Deneyimle söylüyorum ki bazı insanların problemlere yaklaşımları farklıdır ve çözüme daha hızlı yoldan gidebilirler ama tekrar tekrar aynı yolu deneyen insanların bir çözüm şansı yoktur.

1) Sevgilim bana fiziksel şiddet uyguluyor!

Bu durumda yapmanız gereken tek şey hemen oradan uzaklaşmak olacaktır, giderken sakın arkanıza bile bakmayın çünkü şiddet asla kabul edilecek bir davranış değildir. Sadece öz saygısı olmayan insanlar, aşağılık kompleksi içinde kendini yerle bir etmiş olanlar şiddeti görmezden gelirler ve bu durumda hayatları şiddete maruz kalarak geçer gider. Bu bir seçimdir, kabul etmek ya da etmemek. Şiddete maruz kaldıktan sonra hemen ilişkisini bitiren insanların en büyük ortak noktası, onların büyüme çağında evlerinde asla şiddet görmemiş olmalarıdır; dolayısıyla bunu zaten kabul etmezler, anılarında böyle sahnelere yer yoktur. Öte yandan şiddet görmesine rağmen ilişkisine devam eden ve sonrasında evlenen insanların ortak noktası, büyüme çağından itibaren buna alışık olmalarıdır. Gerek anne baba arasında gerekse kendilerine yönelik olarak şiddet görmeleri nedeniyle bunu garip bulmazlar, evet üzülür ve kaçmak isterler ancak kendi normallerinde yaşamaya devam ederler. Bu konuda psikolojik tedavi görmeden bırakıp gitmeleri mümkün değildir. Şiddet uygulayan insanın mutlaka psikiyatrik tedavi görmesi ve bunun uzun süreli olması evlilik öncesinde, eğer mutlaka onunla evlenmek istiyorsanız, en önemli koşuldur.

2) Sevgilim bana psikolojik şiddet uyguluyor!

Narsist kişilik bozukluğu olan bir sevgiliniz varsa size ilişki boyunca kötü hissettirmek için her şeyi yapacaktır, mesela sizin başarılarınız onu rahatsız edebilir, ofisteki almış olduğunuz terfiden bahsedince sizi tersleyip bana ne diyebilir ne olmuş yani kırk yılda bir başarılı oldun diyebilir ve buna benzer sözlerle sizi sürekli manipüle edebilir. Bu durumda onunla ilişkinize devam etmek aynı şekilde onu onaylamak anlamına gelir, bütün kötü davranışlara rağmen orada kalıyorsanız ve hatta onunla evlenmek istiyorsanız, öncesinde sevgi açlığı konusunda bir süre terapi almanızı öneriyorum.

Bu açlık kadınlarda genelde baba sevgisindeki eksiklerden kaynaklanır, bakın size bir örnek; çok yakın bir dostum babasıyla olan kötü ilişkisinden dolayı hep narsist erkeklerden sevgi almaya çalışıyordu. Son dönemde yine narsist bir sevgilisi vardı ve adamın sevgisini kazanmak için her şeyi alttan alıyordu. Ona halen hayatta olan babasıyla en azından bir süre iletişim kurmasını önerdim, şansımıza babası da bu iletişime çok olumlu yanıt verdi ve aralarında bir süre yoğun bir baba kız sevgisi yaşandı. Peki sonra ne oldu? Arkadaşım sevgiline artık ihtiyacı olmadığını itiraf ederek ondan hemen ayrıldı. Baba sevgisi bir kadının tüm özel hayatına damga vuracak kadar önemli olabiliyor dolayısıyla size kötü davranan insanlardan boşuna sevgi dilenmeyin.

16

EVLİLİK ÖNCESİ CİDDİ SORUNLAR

Evlilik öncesi sorunlar serimize devam edelim çünkü bunlarla karşılaştığınız zaman hiçbir süreç içerisine girmeden müstakbel eşinizi karşınıza alıp onunla detaylı konuşmanız gerekiyor. Aksi halde ileride büyük sıkıntılar yaşama ihtimaliniz olduğunu unutmayın.

Konuşulmayan konular gittikçe büyür ve zamanla artık çözülemez hale gelir, biz iletişim anlamında güçlü bir toplum değiliz, psikolojik olgunluk seviyesine gelememiş insanların bile evlilik yapmaları malesef mümkün oluyor, dolayısıyla evlendikten sonra örneğin küsen bir eşiniz olsaydı onu idare edebilir miydiniz?

1) Sevgilim en ufak bir sorunda bana küsüyor!

Küsen insan daha çocuktur, kesinlikle olgunlaşmamıştır ve kendi oyun bahçesinde oynamaya devam etmektedir. Bazen çok yüksek seviyelerde, şirketlerde veya makamlarda bile küsen insanlar görebilirsiniz; öyle ki küser, konuşmaz, iletişimi keser ve onun halen bir çocuk olduğunu anlayabilirsiniz. Eğer ilişkide olduğunuz insanın küsme huyu varsa ve onunla evlenmeyi düşünüyorsanız evlenince küsmeyi bırakacak mı sizce? Peki ya bir evin içinde size haftalarca küsen ve konuşup çözüm bulmaya yanaşmayan bir insanla evlilik yapmak istiyor musunuz? En kötüsü de bazı insanlar ben onu düzeltirim diye düşünürler, nasıl olacak bu iş yani ona terapi mi yapacaksınız? Eğer psikolojik eğitim almadıysanız bu imkansızdır. Kendinize yalan söylemeyin.

2) Sevgilim sürekli olarak ayrılık muhabbeti yapıyor!

Aman dikkat, sevgilinizde büyük ölçüde sevgi açlığı var, bakın burası çok hassas çünkü siz ne yaparsanız yapın sizin sevginize ikna olmayan bir insandan bahsediyorsunuz. Böyle bir insanla evlenirseniz, kendisi şımarık bir çocuk olduğu için ona“hayır” dediğiniz her durumda "tamam o zaman boşanalım" diyecektir yani kâbus gibi bir evlilik yaşarsınız. Evet biliyorum bazı kadınlar çocuk ruhlu adamları büyütmekle uğraşmayı severler ancak siz kendinize böyle bir yol seçmeyin çünkü kimsenin annesi ya da babası olmak zorunda değilsiniz. Belli ki çocuk ruhlu ve şımartılmayı seven biriyle berabersiniz üstelik her fırsatta size kapıyı gösteriyor, biraz öz saygınız olsun ve siz de ona kapıyı göstermeyi deneyin. Evlenince değişir veya düzelir diye düşünüyorsanız şimdiden yani daha onunla evlenmeden boşanma süreçleri hakkında bilgi almaya başlayabilirsiniz çünkü size garanti ediyorum kesinlikle boşanacaksınız. İlişkilerde ve evliliklerde ayrılık konusu bir defa söylendiği zaman bunun kesinlikle hayata geçirilmesi gerekir, çünkü ayrılık konuşulduktan sonra eşlerin birbirlerine hiçbir saygısı veya sevgisi kalmaz, artık bir ayakları kapının dışında olarak devam ederler ama tahmin edeceğiniz gibi bu sağlıklı değildir. Tartışmalar olur, gerginlikler de kimi zaman normaldir ama ne olursa ayrılık bir seçenek değildir, amaç problemleri çözmek ise ayrılık konusu asla dile getirilmez. Masaya bu konu geliyorsa artık sağlam bir ilişkiden veya evlilikten bahsedemezsiniz. Bitirmeniz gerekir ve bitirmek zorunda kalırsınız.

17

EVLİLİK ÖNCESİ FENA SORUNLAR

Öyle sorunlar vardır ki onları iyice çözmeden evlilik yoluna girecek olursanız hayat sizin açınızdan büyük bir dehşet filmine dönüşebilir, aman dikkatli olun diyorum.

1) Sevgilim sürekli başka kadınlarla flört ediyor!

Siz ne yapıyorsunuz Allah aşkına? O başkalarıyla flört ederken uzaktan izliyorsunuz herhalde. Peki bu durumda nasıl size karşı sadık olmasını bekliyorsunuz? Bir hayal dünyasında kendi başınıza yaşamaya devam ediyorsunuz ama bu durum uzun sürmeyecektir çünkü daha ilişkide böyle davranıyorsa evlilikte sizi defalarca aldatmasına karşı hazırlıklı olmalısınız. Onun bahanelerine ve açıklamalarına inanmak istiyorsunuz belki yani apaçık gerçekleri görmezden gelmek, onun aslında sizi sevdiğini düşünmek işinize geliyor. Aksi halde onun gerçekten yalancı birisi olduğunu kabul etmeniz halinde kendinizi çok kötü hissedeceksiniz ve buna hazır değilsiniz. İşte buna yüzleşme sorunları diyoruz, yüzleşmeden sorunları kabul edip çözmeniz mümkün değildir.

Öncelikle sevgilinizin bir sırtlan olduğunu kabul etmek zorundasınız, o sizi asla önemsemiyor ve belki de göstere göstere sizi aldatmaya devam ediyor, telefonunda yüzlerce insanla mesajlarını görüyor ve yine de onu kaybetmekten korkuyorsanız sizde kaybetmek korkusu var. Özdeğer eksikliği sizi dibe doğru çekiyor, artık buna bir önlem almak ve bu konuda tedavi olmak zorundasınız çünkü başka çareniz kalmamış olabilir. Onunla konuştunuz, uyardınız ama hâlâ başkalarıyla flörte devam ediyorsa, bence evlilik kararını tekrar gözden geçirmeniz gerekiyor, bu konuda sakın geç kalmayın derim.

2) Sevgilim beni asla kendi hayatına sokmuyor!

Ufak gibi görünen ama son derece ciddi bir problemden bahsediyoruz çünkü size kendi hayatında yer vermek istemeyen ve sürekli sizden gizli saklı bir hayat yaşamaya çalışan bir insanın kendi hayatını sizinle birleştirmek istemesi pek de normal değildir. Demek ki evlenince de her şeyi sizden gizlemeye devam edecek ve belki de sizden gizli saklı başka bir hayatı olacak, kim bilir?

Evlilik öncesinde sevgilisiyle hiçbir şey paylaşmayan, geçirdiği günleri asla anlatmayan insanların evlendikten sonra aniden bir iletişim kelebeği haline geldikleri hiç görülmemiştir; dolayısıyla mucize beklemek yerine onunla evlilik kararı almadan önce neden sizinle iletişim kurmadığını ve neden her şeyi sizden gizlemeye çalıştığını öğrenmenizi tavsiye ederim, bakın yine iletişimle bunu çözersiniz ama iletişime yanaşmıyorsa hiçbir şeyi çözemezsiniz.

18

EVLİLİK ÖNCESİNDE HAFİF SORUNLAR

İlişki sürecinde dikkatinizi çekebilecek ağır veya büyük sorunların yanı sıra bir de hafif sorunlar vardır, yani kimilerine ağır sorunlar gibi de görünebilir ancak eğer bunlara ağır diyorsanız hiç evlenmeyin derim. Günümüzde unutuluyor ancak evlilik bir fedakârlık ve karşılıklı anlayış işidir, bunlar olmadan iyi gitmesi beklenemez.

1) Sevgilim bana yeterince hediye almıyor!

Buna bir sorun diyorsanız çok fazla ilgi bekliyor olabilirsiniz. Bu tip durumlarla karşılaşıyorum örneğin; "Sevgilim bana ilgi gösteriyor ve sevgisini sonuna kadar hissettiriyor. Her zaman yanımda olduğunu biliyorum ve beni asla şüpheye düşürmüyor. Ancak ne var ki bana yeterince hediye almıyor, bakın hiç almıyor demiyorum aslında ayda bir mutlaka hediye alıyor ancak benim için yeterli değil, ben her gün bana hediye almasını istiyorum."

Böyle söyleyen insanların ilgi isteği asla bitmez, sürekli daha fazla ilgi, hediye ve benzeri istekleriyle eşlerine zorluk çıkarırlar. Burada bir cinsiyetten bahsetmiyorum, bunu yapan kimi zaman bir erkek de olabilir ama cinsiyetten bağımsız olarak bu tip insanlar evlilik için uygun değildir, bu kadar basit. Evlilik, sürekli bir hediye alma durumu değildir, kitabın başında belirttiğim gibi zor zamanlarda birlikte mücadele etme sanatıdır, bir çeşit yaşam ortaklığıdır, hayat arkadaşlığıdır ve her gün hediye istiyorum gibi ergenlik çağına yakışır hevesleri olanlar için evlilik fazlasıyla zor bir ortaklık haline gelecektir. Sürekli "ben" diyen insanların belki de yalnız yaşamaları daha mantıklı olabilir.

2) Sevgilim bayramlarda ailesini aramamı istiyor?

Ne güzel işte; sürekli onlarla görüşmenizi istemiyor, sadece özel günlerde onun ailesiyle sağlıklı bir iletişim kurmanızı istiyor, bu da insani bir istek değil midir? Biz ne zaman eski alışkanlıklarımızı kaybettik? Bayramlarda aramak, hâl hatır sormak oysa ne güzeldir ve büyüklere saygının bir gereğidir. Ancak özellikle Z kuşağı gençler için bu tip güzel davranışlar bile birer yük haline gelebiliyor ne yazık ki. Daha partneriniz söylemeden onun ailesini aramayı siz teklif etmelisiniz, sizin bu zarif davranışınız onun da çok hoşuna gidecektir, buna bayılacaktır zaten zeki kadınların bir ilişkide ilk işleri adamın ailesiyle son derece yakın bir iletişim kurarak onların kalbini kazanmak olur. Bazı kadınlar bu konularda muazzam becerikli oldukları için sadece adamın değil aynı zamanda onun ailesinin sevgisini de hızla kazanırlar; unutmayın, kaleyi içten fethetmek istiyorsanız özel günleri boş geçmeyeceksiniz.

19

EVLİLİK ÖNCESİ KIRMIZI ALARM

Evlenmeden önce kırmızı alarm veren durumlara karşı son derece uyanık olmanızı öneriyorum çünkü aşağıdaki durumlarda yine ben düzeltirim moduna girmeden önce bu olayların sizin için kötü birer sinyal olduğunu unutmayınız.

1) Sevgilim nişandan önce iki hafta ortadan kayboldu!

"Ortadan kayboldu, mesajlara dönüş bile yapmadı ve sonrasında aniden ortaya çıktı ama hâlâ hiçbir açıklama yapmadı, nereye gitti, nereye kayboldu hiç bilmiyorum ve bu konudaki sorularıma yanıt vermiyor" diyorsanız eğer, karşınızda çok ciddi bir sorun olduğunu sakın unutmayın. Bakın, hayatınızı birleştirmek istediğiniz insanın size karşı dürüst olması gerekir çünkü güvenmediğiniz bir insanla bırakın evlenmeyi komşuluk ilişkisine bile girmenizi tavsiye etmem. Öncelikle sizin güveninizi kazanmak için çabalaması ve size nereye kaybolduğu konusunda sağlıklı ve net bir açıklama yapması gerekiyor. Bundan kaçınan bir insanın sizden sakladığı bazı şeyler olduğunu kolaylıkla görebilirsiniz, peki bunları neden sizden saklıyor olabilir? Demek ki sizinle paylaşması mümkün olmayan olayların içerisinde yaşıyor, o zaman bu olaylar ne kadar devam edecek ve tam olarak ne işler çeviriyor olabilir? Bu sorulara bir yanıt almadan onunla evlenmek istiyorsanız, size tatlı rüyalar diliyorum.

2) Sevgilimin bana söylediği yalanları yakalıyorum!

Yine güven konusunda tamamen yıkıcı bir özellik, size gerekli veya gereksiz şekilde her türlü konuda yalan söylediğini fark ediyorsanız karşınızdaki insanla zorlu bir yola çıkmış olduğunuzu unutmayın.

Evlilik öncesinde bu yalanlara bir açıklama getirmesi gerekir çünkü kimse bir yalancıyla aynı nikah masasında oturmak istemez. Böyle bir örnek olaya geçtiğimiz yıllarda şahit olmuştum; evlilik öncesi benden danışmanlık alan bir arkadaşıma özellikle sevgilisine güvenmediği için evlilik tarihini ertelemesini söyledim çünkü her adımda sevgilisinin yalanlarını yakalıyordu. Ancak nikah tarihi alındı ve kimseye rezil olmayalım gibi saçma sapan endişelerle ısrarla evliliği yapmak istedi, yalancı sevgili de çok parası olduğu için onunla evlenmek istiyordu zaten, ancak ne olduysa nikah gününde ortaya başka bir kadın çıktı ve arkadaşımla irtibata geçerek bu adamın nişanlısı olduğunu söyledi. Son güne kadar almadığı radikal kararı nikah günü almak zorunda kaldı ve evliliği iptal ettiler. Ben yine bu kadın arkadaşımı gördüğüm zamanlarda ona takılırım; adamın nişanlısından önce davranıp sen onunla evlenebilirdin, eline bir fırsat geçmişti, dediğim zamanlarda bana çok sempatik sözlerle yanıt veriyor.

20

İNSANLARA REZİL OLMAYALIM EL ALEM NE DER?

Önceki bölümlerde aktardığım irili ufaklı sorunları fark edip, evliliği ertelemek ya da tamamen iptal etmek isteyen insanlar var ancak bu sefer de onların karşılarına çevresel sorunlar çıkabiliyor; örneğin nikah tarihi alındı, düğün yeri ayarlandı ve ne olursa olsun davetiyeler basıldı artık geri dönüşü yok gibi düşüncelerle "madem öyle evlenelim" diyenler oluyor. Oysa çok yazık; çünkü daha önce altını çizdiğim gibi, evlilik bir heyecan oyunu değildir. Her zaman iptal edebilirsiniz, özellikle de eğer mutlu olmayacağınızı düşünüyorsanız kesinlikle bu yola girmeyin derim çünkü ileride sizin için büyük sorunlar yaratma ihtimali vardır.

"El alem ne der?" gerçekten sizin meseleniz değildir çünkü insanlar ne olursa olsun hep konuşurlar. Siz mutlu olduğunuzda aslında rol yaptığınızı söylerler, mutsuz olduğunuzda bunun altında farklı sebepler ararlar yani konuşurlar. Onların hayatlarında milyonlarca berbat olay gerçekleşir ama nedense kendi hayatlarını düzeltmek yerine hep başkalarına yorum yaparlar dolayısıyla kimsenin yorumlarına fazla değer vermeyin.

Unutmayın, olaylar ve insanlar sizin onlara verdiğiniz değer kadardır, asla daha fazlası değildir. Siz onlara haddinden fazla değer veriyorsanız o zaman sizin gözünüzde çok yükseklere çıkarlar ve sonra onları geri indirme imkânınız olmayacaktır. Evlilik öncesinde sorunları görüyorsanız şu yöntemleri deneyin:

1) Onunla konuşarak dertli olduğunuz konuları paylaşın, bunları iyice anlamasını sağlayın ve eğer bunlar düzeltmiyorsa bitirmek istediğinizi söyleyin, hiç uzatmanıza veya zaman kaybetmenize gerek yok, hayat gerçekten kısa ve kuşlar uçuyor, zamanı geri getiremezsiniz, olmayacak duaya âmin demeyin.

2) Konuşmak işe yaramıyorsa evlilik tarihini erteleyin, buna hazır olmadığınızı ona açıkça söyleyin çünkü ısrarla evlenecek olursanız ileride çok pişman olacaksınız, buna hiç gerek yok. Size güven vermeyen biriyle evlilik gibi son derece ciddi bir olaya girmeyin, bunun yaşam boyu ortaklık amacı taşıyan önemli bir deneyim olduğunu kendinize hatırlatın. Bir süre ayrı kalarak düşünmek istediğinizi ve evlilik için aranızda yeterli uyum olmadığını ona söyleyin, daha önce konuştunuz fakat işe yaramadıysa bir de ondan ayrı kalmayı denemeniz gerekiyor.

3) Ayrı kaldınız ve sizi hiç aramıyorsa zaten bu ayrılık fikrini sizden önce kendisi kabul etmiş demektir, sizin bu teklifiniz onun da işine gelmiştir ve sizinle evlenmekten kurtulduğu için mutlu bile olabilir. O zaman siz de ondan kurtulmuş oluyorsunuz; belki de bu insan uzun zamandır sizden ayrılmayı düşünüyor ama bunu bir türlü dile getiremiyordu dolayısıyla sizin teklifiniz ona hayatının şansını sunmuş olabilir. Onu geçmişte bırakın ve hayatınıza devam edin çünkü kimse saplantı yapacak kadar önemli değildir.

21

SAĞLIKLI EVLİLİĞİN SİNYALLERİ

Aşağıdaki maddeleri görüyorsanız, evlilik için ideal bir ilişkide olduğunuzu anlayabilirsiniz.

1) En az bir senedir ilişki yaşıyor olmalısınız. Sadece üç aydır tanıdığınız bir insan ile evlenmeyi düşünüyorsanız bunun çok riskli olduğunu unutmayın, bir sene çok daha sağlıklı analizler yapmanız için ideal bir zamandır ve eğer bu zamanı iyi değerlendirecek olursanız onu gözlemleyip size karşı davranışlarından niyetini anlarsınız. Bir senelik süreçte ayda en az dört defa görüşmenizi öneririm ve bunların mutlaka yüz yüze görüşmeler olması gerekir çünkü

onu karşınızda görmeden gerçek niyetini anlamanız tamamen imkânsızdır. Bir insan sizinle ne yaşamak istiyorsa bunu gözlerinize bakarak söylesin, uzaktan mesajlar veya kameralı görüşmeler tamamen anlamsızdır, yani onu tam anlamıyla tanımanıza kesinlikle imkân vermez.

2) Bir senedir ilişki yaşıyorsunuz ve aranızdaki tartışmalarda sizi kıran bir cümlesi hiç olmadıysa, her durumda sadece aranızdaki sorunu çözmek için gerekeni yapıyorsa bu insan evlilikte sizin için harika bir eş olabilir. Özellikle tartışmalarda size karşı hâl ve tavırları belirleyici olacaktır, burada saygı sınırlarını aşmadan ve size sevgisini gösteren bir üslup ile davranıyorsa kesinlikle ideal eş olduğunu anlarsınız.

3) Aranızda değerler konusunda uyum varsa çok iyi durumdasınız demektir. Değerlerin içinde inançlarınız, önem verdiğiniz konular ve prensipleriniz bulunuyor. Aynı inançtan değilseniz ve inancınız konusunda fanatikseniz bu evlilik kararını tekrar gözden geçirmenizi öneririm çünkü değerlerin uyuşması halinde evliliğiniz çok uzun sürecektir.

4) Aranızda kültürel yapılar konusunda uyum varsa harika bir evlilik olacaktır. Aynı kültürden olmayan insanların evlilikleri genelde boşanmayla sonuçlanır, ülkemizde farklı bölgelerin kendilerine has farklı kültürel özellikleri bulunuyor. Bana gelen vaka-

larda örneğin iki Karadenizlinin evliliği çok sağlam yürürken, bir Karadenizli ve bir Egelinin evliliği aynı derecede sağlam olmuyor, bunu diğer bölgeler arasındaki evlilikler için de söyleyebilirim. İnsanlar kendi kültürlerinden biriyle daha rahat ediyorlar ve bu uyumu özellikle evlilikte yakalamak istiyorlar. Farklı kültürden biriyle evlilik gibi ciddi bir kararı illa oldurmaya çalışırsanız ne siz kendi aranızda anlaşırsınız ne de aileler arasında bir anlaşma olacaktır, dolayısıyla zorla oldurmaya çalışmayın.

5) Aranızda vizyon, yani gelecek planları konusunda bir uyum varsa mükemmel bir evliliğiniz olabilir. İnsanlar evlilik öncesi süreçlerde nedense gelecek planlarını pek konuşmazlar oysaki özellikle de bu konuyu konuşmaları gerekir. Gelecek planları olmadan evliliğin nasıl bir anlamı olabilir? Birlikte inşa etmek istedikleri ve aile kurmak istedikleri bu yolculukta ileride kendilerini nasıl bir hayat planlaması içinde görmek istediklerini aralarında şeffaf ve açık bir şekilde konuşamayan bir çiftin evliliği yürümez. Bu konularda gelecek planlarını açıkça paylaşan ve aynı vizyonda olan insanların evlilikleri mükemmel bir uyumla devam eder, aslında en sağlam evlilik de budur.

22

FLÖRT SÜRECİNDE EVLİLİK HAYALLERİ

Her ne oluyorsa flört sürecinde başlıyor. Flört Etme Sanatı kitabımda flört süreciyle ilgili tüyoları detaylı olarak vermiştim, burada flörtün evliliğe etkisini sizlerle paylaşmak istiyorum. Flört tanışma sürecidir ve hoşlandığınız insanı tanımaya çalışırken bir yandan da ona ilginizi, alakanızı dolaylı yollardan gösterirsiniz, unutmayın flört ilişki değildir, ilişkiden önceki yaklaşık üç aylık karşılıklı ilgi seviyesinin merak ile desteklendiği keyifli cilveleşme sürecidir. Dolayısıyla bir ilişkinin ve eğer olacaksa sonrasındaki evliliğin ne kadar sağlıklı ve uzun ömürlü olacağını anlamak için mutlaka flört sürecine bakmamız gerekir.

Flört sürecinde ortadan kaybolan bir partner, eğer ısrar ederek onu geri getirirseniz ilişki sürecinde yine ortadan kaybolacaktır. Diyelim ki yine geri getirdiniz ve onunla evlenmek istiyorsunuz, bu defa evlilikten önce ortadan kaybolur. Önceki bölümlerde bahsettiğim gibi, ortadan kaybolan partner asla evlilik için ideal değildir. Bunun gibi, cimrilik yapan, başka insanlarla flört eden, sürekli size yalanlar söyleyen bir insanın da yine güvenilir olmadığını kolaylıkla anlayabilirsiniz; yani özetle daha flört aşamasında güven konusu açıkça ortadadır ve evlilik güven üzerine kurulan bir anlaşmadır.

Genelde kadınlar flört sürecinde evlilik hayalleri kurmaya yatkındır, burası enteresan çünkü henüz ilişkide nasıl olacağını bilmediğiniz bir insanla hemen evlilik hayalleri kurmak, hiçbir deneme sürüşü yapmadığınız bir arabayı sorgusuz sualsiz satın almak gibidir, orada tüm paranız çöpe gider ama parayı yeniden kazanırsınız. Oysa evlilikte tüm hayalleriniz, umutlarınız ve yaşam sevinciniz çöpe gidebilir.

Bunu gerçekten istiyor musunuz?

Riske girmemek adına ve flört sürecinde "evlilik hayalleri kuruyorum" diyorsanız, yapmanız gereken önemli adımları sizinle paylaşıyorum çünkü bunları uyguladığınız zaman en başından itibaren evliliğe ne kadar yatkın bir insanla birlikte olduğunuzu kolaylıkla anlayabilirsiniz. Bunları birer tedbir adımı olarak düşüneceksiniz ve bu maddeler sayesinde, eğer evlilik amacınız varsa, zaman kaybından kurtulmuş olacaksınız. Aklınızda kalması için bu maddelere yer verdiğim bölümleri "Kırmızı Uyarılar" olarak isimlendirdim, bundan sonraki bölümlerde yapmanız gerekenleri çeşitli kısımlara ayırdım. Dolayısıyla diyelim ki yeni bir insanla tanıştınız ve güzel bir duyguya girdiniz (işte en tehlikeli ruh hali budur diyebilirim) kendinizi sadece duygulara bırakmak yerine maddeler halinde paylaştığım "Kırmızı Uyarılar"la, süreci güvenli şekilde kontrol altında tutacaksınız.

Unutmayın, flört aşamasından itibaren yanınızda olacağım, sadece buradan sizinle paylaştığım uyarıları takip etmeniz yeterli, artık hata payınız yok ve doğru insanı bulmanızı canı gönülden istiyorum!

23

KIRMIZI UYARILAR MADDE 1

Bu bölümdeki uyarıları tanışma aşamasında yani ilk üç aylık (bazen altı aya uzayabilir) flört sürecinde aynen uygulamanızı tavsiye ediyorum.

İlgiye kapılmayın.

Evet bir sırtlan size en başlarda deli gibi ilgi gösterecektir ama bunun pek bir anlamı yoktur. Kadınların ilgiden ne kadar etkilendiklerini tüm dünya biliyor o konuda sıkıntı yok, ancak siz yine de beni dinleyin ve ilgiye karşı mesafeli duruşunuzu koruyun çünkü güzel cümlelerin anlamı zamanla ortaya çıkar. Tanıştınız ve size sürekli mesaj atan, arayan bir adam buna ne kadar devam edecek? Genelde sırtlan olanların ilgisi en fazla üç hafta sürüyor, bazıları daha cömert davranıp bir ay kadar ilgi gösterirler ama bunlara Afrika ormanlarında nadiren rastlıyoruz çünkü sosyal medyada çok fazla güzel hatun var, neden yeni bir hedefe doğru hızlıca kaybolmasın? Bir sırtlan size yoğun ilgi gösterirken aynı anda güzel cümlelerini başka yüzlerce kadınla paylaşıyor olabilir, dolayısıyla ona hemen kapılmayın ve zamana güvenin.

Bana kalırsa kadınların zaman kavramıyla ciddi sorunları var, zamanı sevmiyorlar, bir an önce geçip gitmesini ve sevdikleri insanla birlikte olmayı istiyorlar, sabırsızlık kadınların genetiğinde var. Ben bugüne kadar hayatımda gerçekten sabırlı ve zamanın gücüne inanan bir kadınla hiç karşılaşmadım. En sabırlı kadın bile adam iki saat mesaj atmadığı zaman sinirleniyor ve ona fevri tepkiler gösteriyor dolayısıyla sabır, kadınlara verilmemiş bir güç.

Ne kadar enteresan değil mi? Erkekler çok sabırlıdır, biz sabrımızla doğadaki herhangi bir varlığı delirtebiliriz, bizden haber almadıkça delirecek ve kendi kendini yok edecektir. Erkeklerin sabırlı olmalarının en büyük sebebi görsel beyin yani mantık beyni kullanıyor olmasıdır, bize limbik sistemi yani duygusal beyni kullanma becerisi verilmemiş fakat bu durum bizim için bir avantaja dönüşüyor çünkü duygusal olmadığımız için sabırlı olmak bizi rahatsız etmiyor. Oysa kadınlar her an duyguların kontrolü altında olmaları nedeniyle, mesela sürekli suladıkları çiçek zamanında açmadığı zaman çiçekle bile kavga edebiliyorlar.

Siz bir sırtlanı, sabrınızla delirtebilirsiniz. Evet yanlış okumadınız, sırtlanı sabrınızla çileden çıkaracaksınız. Onun sizinle ne gibi gelecek planları olduğunu sadece onun mesajlarına geç yanıt vererek bile görebilirsiniz. Eğer siz ona geç yanıtlar verdiğiniz zaman hemen ortadan kayboluyorsa başka hedefleri var demektir, yani hemen cinsellik yaşamak istiyor ve fazla vakti yok. Sizi bekleyecek zamanı yok!

24

KIRMIZI UYARILAR MADDE 2

Allah aşkına neden bir haftadır mesajlaştığınız bir insana fotoğraf gönderiyorsunuz? Herhalde beni çıldırtmak istiyorsunuz, YouTube videolarımda sizlerle binlerce defa paylaştım, öncelikle yüz yüze görüşmeden kimseyle hiçbir şeyinizi paylaşmayın. İşte evliliğe giden yolda hatalar buradan başlıyor yani en başından itibaren analiz etmemiz gerekiyor.

Belli ki karşınızdaki profesyonel bir sırtlan ve iki gün ilgi gösterip sizden hemen fotoğraf istiyor, amacı sizi denemek çünkü biz hep deneriz.

Bakın, erkekler deneme yanılma yöntemiyle hayatına devam eden birer mekanizmadır, öncelikle bir şey deneriz ve aldığımız tepkilere göre karşımızdaki insanın karakterini anlarız. Örneğin iki erkek tartışmaya başladıkları zaman bir tanesi kabadayı gibi davranır, üst perdeden konuşur, amacı karşı tarafın korkak olup olmadığını anlamaktır ve eğer karşı taraf korkaklık göstermeyip onunla aynı seviyede bir yanıt veriyorsa orta yolu bulmaya çalışır ve gerekirse özür diler.

Erkek davranış sistemi sürekli deneme yanılma yöntemiyle hayatta kalmayı başarır, dolayısıyla sizden hemen güzel bir kare isteyen adam sizi deniyor, nasıl biri olduğunuzu anlamaya çalışıyor. Ona bir fotoğraf göndermek sizin keyfinize kalmış bir olay ancak evlilik gibi ciddi amaçlarınız varsa sakın göndermeyin çünkü henüz onu tanımıyorsunuz. Gönderirseniz onun gözünde gecelik bir ilişki olacaksınız, hepsi bu! Erkekler böyle düşünürler, hemen paylaşıma başlayan bir kızın eğlenceli olduğunu ve onunla keyifli vakit geçirebileceklerini ancak onun evlilik gibi ayrı bir sahnenin oyuncusu olmadığını fark edip, birkaç hafta sonra uzaklaşırlar.

Her zaman söylüyorum, gizemli olmalısınız. Gizemli olmanın gücüne inanın, başka tarafa gider diye düşünmeyin, zaten amacı sadece cinsellik olan bir insanı tutmak zorunda değilsiniz, siz evlilik için ideal insanı arıyorsanız eğer, sırtlanlarla vakit kaybetmenize ne gerek var?

Sizin amacınız keyifli bir ilişki yaşamak ve eğer mümkünse bunu mutlu bir aileye dönüştürmek olduğuna göre ona karşı kurallarınız olduğunu, güçlü bir karakteriniz olduğunu göstermelisiniz. Bir erkek buna saygı duyacaktır, eğer hoşuna gitmiyorsa uzaklaşır, demek ki karşısında güçlü bir kadın görmek istemiyor, bırakın gitsin. Kendisine her şeye evet diyen bir kadın bulsun, o kadın siz değilsiniz!

25

KIRMIZI UYARILAR MADDE 3

Gizemli olmalısınız. Amacınız flört sürecinde onu gözlemlemek ve kendinizle ilgili konuları biraz gölgede bırakmak, bunu başarmanız gerekiyor. Size güzel sözler söylediğinde gülümseyin, evlilik konuları açıyorsa içinizden "vay sırtlan!" diye geçirebilirsiniz, sakın aldanmayın, hiçbir erkek bir haftadır tanıdığı kadına samimi olarak evlilik konusu açmaz, eğer açıyorsa kesinlikle niyeti iyi değildir.

Sizi etkilemek istiyor, hemen duyguya giren bir kadın olduğunuzu biliyor ve bu konuda haksız sayılmaz; hangi kadın pembe panjurlu ev fikrinden hoşlanmaz?

Şöyle bir sahne hayal edelim; Instagram'dan size DM gönderdi, hem de nasıl güzel sözleri sıralamış; sizden çok etkilendiğini, daha önce hiç bu kadar güzel bir kadın görmediğini, daha ilk görüşte profil resminize âşık olduğunu yazıyor, maşallah Dostoyevski gibi roman yazıyor ve elbette o sıralarda siz ilgi istiyorsunuz işte tam da hayatınızda eksik olan ilgiyi, alakayı bu sırtlan kardeşimiz gösteriyor. Size günlerce böyle yazmaya devam ederse ona tanışmadan bu sözlerin bir kıymeti olmadığını söylersiniz, eğer adamı merak ediyorsanız onu tanışmaya yönlendirmeniz gerekiyor. Eğer hâlâ tanışma teklifi yapmıyorsa o zaman sizi oyalıyor demektir, işte bu durumda mesajları hemen keseceksiniz, artık ona yanıt vermeyin.

Bu Afrika sırtlanı, sizinle mutlaka bir çay kahve içmesi gerektiğini anlayacaktır, bu durumda size bir teklif yapması gerekiyor, bu teklifi yapmadan sizinle görüşme ihtimali olmadığını anlıyor ve "gel görüşelim" diyor. Görüşmek için sizi evine çağırıyorsa zaten bu insanla evlilik değil ilişki anlamında bile vakit kaybetmenize gerek yok çünkü zaman kaybı olacaktır, boşuna uğraşırsınız. İlk görüşmede sizi dışarıda şık ve kaliteli bir mekâna çağırması gerekiyor, orada karşılıklı oturup konuşacak ve yüz yüze birbirinizin enerjisini alacaksınız, yapmanız gereken budur.

Bakın daha bu tanışma aşamalarından bir insanın evlilik anlamında size uygun olup olmadığını kolaylıkla anlarsınız, eğer sizi ısrarla eve çağırıyorsa veya sizi olabilecek en kalitesiz ve ucuz mekâna davet ediyorsa zaten bu insan kadınlara değer veren biri değildir, bu durumda onunla nasıl bir evlilik hayal ediyorsunuz?

Bu kitabın ilerleyen bölümlerinde "Evlilik Öncesi Uyum Testi" yer alıyor, ancak daha bu teste gelmeden, karşınızda nasıl bir insan olduğunu görüyorsunuz işte. Diyelim ki bir de sizi götürdüğü berbat mekânda, üç kuruş hesabı bile size ödetmeye çalışıyorsa o zaman siz bu insandan koşarak kaçın bence! Sadece bir tanışma olarak kalsın fakat aranızda lütfen ilişki, söz, nişan, evlilik planları konuşulmasın, yanlış yerdesiniz...

26

KIRMIZI UYARILAR MADDE 4

Kitabın bu bölümlerinde daha flört aşamasında evlilik analizi yapıyorum ve günlük hayatta biriyle flört ederken başınıza gelebilecek türlü senaryoları sizlerle paylaşıyorum. Benim başıma gelmez diye düşünmeyin, her kültürden ve kesimden insanların başına bu flört olaylarında neler geliyor neler, bir bilseniz!

İnsanlar kendilerini belli ederler, dolayısıyla onları eğer gerçekten analiz etmek istiyorsanız, sözleri ve davranışları arasındaki uyuma dikkatle bakmanız gerekiyor. Flört aşamasında sürekli sevgiden aşktan bahseden biriyle birliktesiniz diyelim ve ilk yüz yüze görüşme gerçekten çok iyi geçti ancak ertesi gün sizi aramadı!

Biliyorum kadınlar için bu durum savaş sebebidir, dört saat oturdunuz harika bir sohbet oldu ve adamın size karşı en ufak saygısız bir tavrı olmadı, görüşmenin ardından sizi evinize kadar bıraktı ve arabada uygunsuz davranışlar sergilemedi, öpmeye çalışmadı, her şey mükemmel!

Ertesi gün aramıyor ve siz yorganın altına girip ağlıyorsunuz, işte burada size bir çift sözüm olacak; hiçbir erkek ertesi gün aramaktan hoşlanmaz, bunu sevmiyoruz, nedenini size açıklıyorum:

Biz erkekler, güzel görüşmelerin ardından yani sadece güzel bir akşam yemeğinin ardından, sürekli "Biz neyiz? Ne zaman evleneceğiz?" diye sorular sormaya başlayan kadınlardan çok yorulduk. İyi niyetli olduğumuz zamanlarda bile bizi anlamayan kadınlardan çok yorulduk. Bir akşam yemeği, en güzel halinde bile, sadece bir akşam yemeğidir. Daha fazlası değildir. Bazen harika bir akşam yemeğinde bir kadından çok hoşlanırız ve onunla ciddi ilişkimiz olabileceğini hayal ederiz ancak özellikle ertesi gün o kadını aramayız, çünkü onun tepkilerini ölçmek isteriz.

Hemen kızacak mı?

Fevri mesajlar atacak mı?

Hemen "Biz neyiz?" diye saçma sapan bir soru soracak mı?

Daha birinci günden böyle tepkiler veriyorsa elbette onunla tekrar görüşmek istemeyiz.

Biliyorum kadınlar duygusal varlıklar ve bu satırlardan ötürü bazı kadınlar sinirlenebilirler çünkü her şeyin kendi istedikleri şekilde olmasını isterler. Ancak olmuyor işte, çünkü biz erkekler robot değiliz ve olmak zorunda da değiliz. Biz üstümüze gelmeyen, bize baskı uygulamayan kadınları seviyoruz. Sırtlan olmayan, ciddi ilişki arayan alfa erkekler kesinlikle ertesi gün mesaj atmazlar çünkü ciddi ilişkiye giden yolda çok hoşlandıkları kadının ertesi gün tepkilerini ölçmek ve buna göre karar vermek isterler. Daha flörtün başında sürekli arayan soran baskı uygulayan kadın, alfa erkek için hemen uyanmak istediği bir kabustan ibarettir.

Biz neyiz? sorusunu sormak için ilk akşam yemeğinin ertesi günü doğru zaman değildir. Daha adamla yeni tanıştın, ne acelen var kuzum?

27

KIRMIZI UYARILAR MADDE 5

Burada geçmişte yaşadığım son derece sempatik bir olayı sizlerle paylaşmak istiyorum.

Bundan yaklaşık altı sene kadar önce son derece güzel bir kadınla flört etmeye başladım. Kendisiyle bir arkadaş ortamında tanışmıştım ve daha ilk görüşte çok hoşlanmıştım, ona yanaştım ve biraz sohbet ettikten sonra başka bir gün güzel bir yerde kahve içmeyi teklif ettim, kabul etti.

Benim için özel bir durumdu çünkü altı aydır yalnızdım ve duygusal anlamda çok zor hoşlanabilen birisi olduğum için nadiren bünyemde kıpırdanan duyguları kaçırmak istemedim, arkadaş çevrem genelde kimseyi beğenmediğimi söyleyip beni eleştirir ancak ben gecelik duygusuz ilişkileri bırakalı on beş sene oldu, zamanında hızlı yaşadık ve bundan zarar gördüm, sadece bir şeyler hissedince bir kadınla ilişki yaşamak bana keyif veriyor.

Her neyse konumuza dönelim, harika bir ortam ayarladım ve orada buluştuk. Son derece zarif bir kadın, beden hareketleri tamamen dişi enerjiyi yansıtıyor, bünyesinde maskülen enerjiye dair tek bir kıpırtı yok (maskülen kadınlarla maça gidiyorum ama ilişki yaşamıyorum) ihtiyacım olan dişi enerjiyi görünce ben masada iyice yükseldim ve içimden aradığımı buldum diye geçirdim. Bakışları, erkeğin ruhuna işleyen bakışları, aniden sol el bileğimdeki saate dokunup benimle ten teması kurması her şey mükemmeldi; kahvelerimizi içtik ve yaklaşık iki saat kadar oturduk, sonra "benim bir yere yetişmem lazım" dedi, yani sana bu kadar zaman ayırdım demek istiyor, bu da benim çok hoşuma gitti çünkü bir tarzı var, karizmatik ve güçlü bir kadın, tam bana göre!

Ertesi gün onu aramadım, klasik sabır testini yapıyorum, ondan çok hoşlandım elbette ama tepkisini ölçmek için sessiz kalıyorum. Akşamüstü saat yedi gibi (yaz akşamı) ben arkadaşın yazlık evinde havuz kenarında kokteyl içerken zır zır aramaya başladı, daha ben aramasına dönemeden mesaj attı:

"Sen ne biçim bir adamsın ya? Dün akşam görüştüğüm kişi sen değil miydin? Numaramı istedin bütün gün tek bir mesaj atmıyorsun, kel erkek olmana rağmen seninle görüşmeyi kabul ettim (kel erkeklerle sorunu var herhalde) yine de sana verdiğim şansı (şans?) anlamamışsın. Siliyorum numaranı da!..

Benden uzak dur!"

Mesajı görünce kahkaha atmaya başladım çünkü bu kadar sabırsız ve fevri bir tepkiyi aksine kaliteli görüntü veren bir kadından beklemiyordum.

Bir yanıt vermedim elbette, çünkü öfkeli bir insanın öncelikle öfke terapisi alması gerekir, insanlara hesap sormaya alışmış sanırım...

Ayrıca, Türkiye'de kel erkekler neden sevilmez? Bunu asla anlamıyorum. Gidip bir de saç ektirme yapıyorlar, kel olmak bir şanstır, anlamıyorlar.

28

KIRMIZI UYARILAR MADDE 6

Bir de kaliteli davranışlara sahip bir kadın örneği verelim ve aradaki büyük farkı size gösterelim.

Yine flörtöz bir dönemdeyim (kuluçka dönemi) harika bir kadınla tanıştım Bodrum'da... Allah'ım nasıl bir kumral güzellik, küt saçları tam omzunun üzerinde kesilmiş, güneşlenmiş yanmış bir İtalyan güzeli gibi Bodrum sahillerinde teşrif ediyor, nasıl bir güzellik anlatamam. Plajda tanıştık bir partide, kelleri seviyor herhalde numarasını paylaştı benimle, ertesi gün onu akşam yemeğine Yalıkavak Marina'ya davet ettim "tamam geliyorum" dedi.

Buluştuk. Masaya oturuşu, son derece sıcak gülümsemesi, aldım sağ eline bir buse kondurdum, o akşam dünyadaki en şanslı erkeklerden biri olduğumu o masada hissettim, karşımda her davranışı, her bakışıyla çok kaliteli bir kadın oturuyordu.

Kadın bir başladı anlatmaya, İngiliz edebiyatından örnekler veriyor, geçiyor Hemingway'in hayatını anlatıyor, bilgi akıyor şelale gibi bana doğru. Sadece güzel değil, donanımlı, kendini geliştirmiş, muazzam güzel konuşuyor, cümleleri kurma şekli, kendini ifade etmesi ve sesinden akıp gelen o karşı konulmaz dişi enerji rüzgârı beni bir sağa bir sola doğru sallıyor, aptala döndüm masada, ağzım açık kaldı. Güzel sözlerimi hemen başarılı ilkokul çocuğu gibi sıraladım, çok hoşlandım ondan.

Evine bıraktım ve arabadan inerken sağ yanağına son derece masum bir öpücük kondurdum, bir elektriklenme oldu aramızda ama öptükten sonra sıcak bir gülümsemeyle, tekrar görüşmeyi dilediğimi söyledim. Dışarıda kaktüslerin kokusu geliyordu aşk dolu gecede.

Ertesi gün? Elbette aramadım, mesaj atmadım. Ne yaptı biliyor musunuz? Erkeklerin klasik ertesi gün sabır testine nasıl yanıt verdi bu kadın sizce?

Öğle saatlerinde şöyle bir mesaj attı:

"Dün akşam sana söylemeyi unuttum, Hemingway'in bir de şu kitabı var (kapak resmini atmış) bak ilgileniyorsan hoşuna gidebilir."

Hemen aradım onu, hemen. Oltaya takmıştı beni, ben bir hamsiydim o gün. Akşamına buluştuk ve ilişkimiz altı ay kadar sürdü. Sonra Londra'ya taşındı ve orada birlikte yaşamayı teklif etti ancak ben hayatıma Türkiye'de devam etmek istediğim için gelecek planlarımız uyuşmadı. Gelecek planlarımız aynı olsaydı hiç düşünmeden onunla evlenirdim çünkü her hareketi ölçülü, her davranışı dengeliydi, asla fevrilik yapmayan ve duygusal tepkilerini kontrol edebilen kadınları seviyorum sanırım.

Kalitesiyle, vizyonuyla ve yüksek kadın enerjisiyle hayatıma çok güzel şeyler kattı, ne güzel bir kadın tanımış oldum...

Kalite kendini her zaman belli eder, her zaman.

29

KIRMIZI UYARILAR MADDE 7

Flört ediyorsunuz ve önceki bölümlerde bahsettiğim hataları yapmıyorsunuz, karşınızdaki insan son derece saygılı ve birkaç ay geçmesine rağmen hiçbir sırtlan davranışı sergilemedi, dolayısıyla doğru eş olma ihtimali var, güzel.

İşte şimdi "biz neyiz?" sorusunu sormanızın zamanı geldi ama öyle değil, benim söylediğim şekilde sorarsanız daha etkili olacaktır.

"Seninle aramızdaki paylaşımı seviyorum, buna illa bir isim vermek zorunda değiliz bence çünkü akıştayız. Devam etmek de isterim ama benim kendi hayatımla ilgili gelecek planlarım var, acaba seninle gelecek planlarımız uyuşuyor mu?"

Gol attınız şu anda, bu golü hiçbir kaleci çıkartamaz.

Mutlaka bir cevap vermek zorunda ve daha önemlisi bu adam sizinle aylardır devam ettiğine göre size karşı ciddi duyguları da var, yoksa neden sizinle zaman kaybetsin?

Üç tane yanıt verebilir:

1) Bunu düşünmek istiyorum ve kafamı netleştirmek için zamana ihtiyacım var.

Bırakın düşünsün. Ona düşünmesi için üç ay zaman verin, zaten birlikte mutlusunuz dolayısıyla o anda kesip atmanıza hiç gerek yok, anlayış gösterin.

2) Bence haklısın konuşalım, seni kaybetmek istemiyorum, nedir senin planların?

Bu adam sizinle evlenir. Merak ediyor ve sizi anlamak istiyor, ona en fazla bir sene sonra evlenmek istediğinizi hemen söyleyin, sakın çekinmeyin. Bunu yumuşak bir dilde söyleyeceksiniz, tehdit eder gibi değil, onunla yaşadığınız ilişkide çok mutlu olduğunuzu ve bunu bir evliliğe dönüştürmenin tam zamanı olduğunu söyleyin. İnsanların karşısına her zaman doğru kişinin çıkmadığını ve hazır bulmuşken kendinizi çok şanslı hissettiğinizi altını çizerek belirtmeyi unutmayın.

3) Bunu ailemle konuşmalıyım, bu konulara hemen karar veremem.

İşte bu adam çok tehlikeli, çünkü bunun ya çok bilmiş bir annesi ya da babası vardır, her şeye karışırlar. Bununla evlenmek senin açından fırtınaya girmek kadar tehlikeli olacaktır. Bilmiş bir kayınvalide sana kan kusturabilir, oğlunun giydiği dona kadar karışır, bu çamaşırlar neden hâlâ ütülenmemiş diye sana hesap sorar!

30

KIRMIZI UYARILAR MADDE 8

İyi anlaşıyorsunuz ve adam evlilik konusunda ilerlemek istiyor. Ona karışan bir annesi, babası ya da halası yok, her şey sizin kontrolünüzde ilerliyor ve mutlusunuz.

Maşallah diyelim!

Ancak aniden karşınıza başka bir sorun çıktı, adamın internet üzerinde düzenli olarak bahis oynadığını yani kumar bağımlılığı olduğunu gördünüz.

Buna ne diyorsunuz şimdi?

Bunu ciddiye almanızı öneriyorum çünkü karşınızdaki problemleri asla hafife almayın, evlilik yolunda ama henüz evlenmeden bunu gördüğünüz için şanslısınız çünkü evlendikten sonra bunu görmüş olsaydınız sizin açınızdan geri dönülmesi zor bir hata yapmış olurdunuz. Alkol, kumar veya gece hayatı gibi bağımlılıkları olan insanların evlendikten sonra aniden bir mucizeyle değişip düzelmek gibi özellikleri yoktur, bunu daha önceki bölümlerde detaylı olarak gördünüz.

Bir diğer kırmızı alarm ise müstehcen sitelere olan bağımlılıklardır. Bazı kadınlar, evlendikten sonra eşlerinin sürekli + 18 sitelerde vakit geçirdiğini ve bu yüzden cinsel hayatlarının zora girdiğini Adil'e Sor uygulamasından bana gönderdikleri mesajlarda iletiyorlar ve bu vakaların sayısı gittikçe artıyor. Bunu nasıl anlarsınız?

Evliliğe giden yolda sizden her durumda telefonunu saklıyor ve siz onun telefonunu elinize aldığınızda bile hemen geri almaya çalışıyorsa veya onun evindeki bilgisayara girip maillerinize bir bakmak istediğinizi söylediğinizde hemen buna karşı çıkıyorsa kesinlikle bu tip sitelere giriyor olma ihtimali yüksektir.

Bir de oyun bağımlılığı var, son dönemde sürekli karşıma çıkmaya başladı. Bazı erkekler sabah akşam oyunlara bağımlı hale geldiler ve oyun sitelerinden başka kızlarla tanışıp sosyalleşme imkânını da kullanıyorlar. Aslında bu adamlar sırtlan falan değiller, sadece günlük hayatta sosyalleşme konusunda becerikli olmadıkları için oyun sitelerinden kendini göstermeden yazmak, yürümek onlara daha kolay geliyor.

Eğer evlilik yolunda bu ve diğer bağımlılıkları görüyorsanız hemen müstakbel eşinizi bağımlılık terapisine yönlendirmenizi tavsiye ederim çünkü bu sorunları görmezden gelmeniz halinde evlendikten sonra çok zorlu günler sizi bekliyor demektir. Bakın unutmayın bunlar çok ciddi sorunlar, değişir, düzelir diye düşünmeyin çünkü bağımlılık terapi almadan düzelen bir rahatsızlık değildir. Her bağımlılığın altında çok derin sebepler yatmaktadır, onların tespit edilmesi gerekiyor.

31

ASLA PANİK YAPMAYIN

Problemler karşısında insanlar üçe ayrılırlar:

1) Problemlerin farkında olmayanlar.
2) Problemleri gören ama görmezden gelmeyi tercih edenler.
3) Problemleri çözmek için kendine bir yol haritası çizenler.

Panik yapanlar asla hiçbir şeyi çözemez ve hatta sorunların daha da büyümesine neden olurlar çünkü planlı ilerlemeyi bilmezler. Ben burada devreye giriyorum çünkü özel hayatında ve evliliğinde sorunları olanlara bir yol haritası çizerek bu sorunların üstesinden gelmelerine yardımcı oluyorum.

İnsanlar dışarıdan kendilerini tanımayan ve objektif yorumlar yapacak bir uzmanın görüşlerine ihtiyaç duyarlar çünkü özel hayatlarındaki sorunları onları tanıyan insanlarla paylaşmak istemezler, ayrıca zaten sizi tanıyan insanlar objektif yorum yapamazlar. Dolayısıyla özel hayat gibi son derece kritik konularda insanların hayatına dokunuyorum.

Panik yapanlarla çalışmak zordur çünkü insan beyni panik anlarında kontrolü mantıktan duyguya doğru çevirir. Dümene geçen duygusal tepkiler, bir anda işleri iyice karıştırmaya başlar, bazen son derece ufak sorunlar bile iyi yönetilemezse büyük ve karmaşık problemler haline gelecektir.

Önceki bölümde bahsettiğim alkol ve benzeri bağımlılıkları siz partnerinizle konuşarak çözemezsiniz çünkü bir terapist değilsiniz. Ona doktorluk yapmaya çalışarak zaman kaybetmeyin, partneriniz ciddi bir bağımlılığı olduğunu kabul etmiyorsa ondan uzaklaşın, en azından kendinizi bu sakıncalı durumdan uzak tutmuş olacaksınız. Bir insan, ciddi sorunları olduğunu kabul etmiyorsa dışarıdan kimse onu düzeltemez ve iyileştiremez. Değişme isteği öncelikle insanın içinden gelmelidir ve kendi sorunlarının farkında olmalıdır.

Evlilikten önce fark ettiğiniz problemler eğer ciddi, büyük veya fena sınıfında yer alıyorsa o zaman işte bu sebepler birkaç sene sonra size boşanma sebepleri olacak dönecektir. Kaliforniya Üniversitesi'nde 2002'de yapılan bir araştırmaya göre boşanan çiftlerin yüzde 78'i, boşanmalarına neden olan sorunları evlilik öncesinde zaten fark ettiklerini söylemişler. Dolayısıyla bu sorunları görmelerine rağmen evlenmiş olmalarını büyük bir hata olarak ifade ediyorlar. Bizde buna bile bile lades deniyor ve genelde bir evlilik kararı verildikten sonra geri adım atmamak için böyle hatalar işleniyor. Oysa hayat sizindir ve kimse sizin kararlarınıza karışamaz. Kendi kararlarınızı almaktan asla korkmayın.

32

"EVLİLİKTEN SONRA DEĞİŞTİ" DİYORSANIZ

Bazı insanlar, eşlerinin evlilikten sonra değiştiğini iddia ederler. Yani ilişki sürecinde gayet iyi ve sağlıklı olan bu insan evlendikten sonra bir anda değişmiş ve farklı birine dönüşmüş olabilir mi?

Öncelikle böyle vakalarla çalıştım ve işlerin pek de öyle olmadığını söylemek zorundayım. Bu iddiada bulunan insanların evlilik öncesi birbirlerini pek tanımadıklarını tespit ettim, örneğin "evlilik öncesi üç aydır tanışıyorduk" diyen bir insan zaten evlenme derdine girmiş bir insandır yani amacı sadece evlenmek, kiminle evlendiğine pek önem vermiyor demektir.

Evlilik öncesi en az bir sene boyunca ilişki yaşamak, eşinizi tanımak ve önceki bölümlerde yer alan problemleri -eğer varsa- tespit etmek açısından son derece önemlidir. Sadece iki aydır tanıdığınız bir insanı asla gerçekten tanımış olmuyorsunuz, evlilik öncesi onunla geçirdiğiniz görüşme sürelerini uzatmanız en sağlıklı ve akıllıca yöntem olacaktır.

Bir insanı tanımak zaman alan bir süreçtir, öyle hemen tanıyamazsınız, hele mesajlarla, yazışmalarla ve onunla yüz yüze tanışmadan evlilik kararı alıyorsanız zaten bu hayatta tamamen boşluktasınız demektir. Kimi zaman karşıma şöyle vakalar çıkar; evlilik öncesi bir veya iki defa yüz yüze görüşüp çok hoşlandıklarını ve hemen nikah tarihi aldıklarını söyleyenler olur, ne kadar naif insanlar var!

Birisiyle şirket ortaklığı yapmak isteseniz onu en azından yıllardır tanımanız gerektiğini ve aksi halde ona güvenmenin mümkün olmadığını bilirsiniz, hayat ortaklığı bundan daha ciddi bir karar olduğuna göre ve aynı yatağı paylaşmak zorunda olduğunuza göre mutlaka iyice tanımak için kendinize zaman vermelisiniz. Dediğim gibi, en az bir sene boyunca sıklıkla yapacağınız yüz yüze görüşmelerle o insanı tanımanız gerekiyor, mutlaka kendiyle ilgili ipuçlarını size gösterecektir ve sizin yanınızda başkalarıyla kavga etmesi bile kötü bir sinyaldir.

Kimse gerçek karakterini bir sene boyunca sizinle sık sık yüz yüze görüşerek saklayamaz, bir yerlerde açık verecektir. İki ay tanışıp evlenirseniz, onun size sadece iki ay boyunca göstermiş olduğu versiyonunu gördünüz demektir yani onu gerçekten tanımadınız, kim olduğunu ve niyetini bilmiyorsunuz. Evlenince o insan aslında değişmiyor, sadece gerçek kimliğini size göstermeye başlıyor. Sizin bu gerçek kimliği daha önce fark etmeniz gerekirdi ama bunu yapamadınız çünkü onu tanımak için yeterli zamanı ayırmadınız, öyle değil mi?

33

BEN SİZE DEĞER VERİYORUM

Kitabın bu bölümünde sizden bahsetmek istiyorum, özellikle sizden. Bu satırları bir tesadüf eseri okumuyorsunuz, her karşılaşmanın bir sebebi var. Karşınıza çıktı, bir yerlerde gördünüz ya da sosyal medyadan beni takip ediyorsunuz ve daha önce vermiş olduğum bilgiler hayatınıza dokundu. Buna sevindim.

Şimdi bu kitap ile birlikteyiz ve konumuz bu defa evlilik. Son derece ciddi bir konu ve bu bölüme gelene kadar zaten verdiğim örneklerden bunu anladınız. Bundan sonrası önemli yani evliliğe giden yolda bu bilgilerden faydalanıp kendi hayatınızda bunları kullanmanız son derece önem kazanıyor.

Hayatınıza alacağınız insanı aslında ne belirliyor biliyor musunuz?

KENDİNİZE VERDİĞİNİZ DEĞER.

Bakın bunu size açıklıyorum; iş hayatında çok başarılı olmuş, mükemmel bir kariyer elde etmiş ancak özel hayatında hep mutsuz ilişkilerle uğraşmış çok sayıda insan tanıdım. Nerede hata yaptıklarını bir türlü görmek istemiyorlardı, oysa ben daha ilk bakışta bunu fark ediyordum, kendilerine değer vermiyorlardı ya da yeterince vermiyorlardı diyelim.

Eğer kendinizi yeterince sevmiyorsanız, asla sizi gerçekten seven bir insan bulamazsınız.

Eğer mutlu bir aileyi hak ettiğinizi düşünmüyorsanız (bilinçaltında) asla mutlu bir aileniz olmayacak, bunu size şahsen garanti ediyorum.

Eğer size değer verecek bir partnerin imkânsız olduğunu düşünüyorsanız, o zaman partneriniz size sevgisini göstermeyecek ve saygısız davranan birisi olacak.

Eğer özel hayatınızda başarısız olmayı kaderiniz olarak kabul ettiyseniz asla aşk konularında mutlu olmayacaksınız, aşk sizden uzak duracak.

Eğer seviye olarak kendinizle eşdeğer görmediğiniz insanları yukarı doğru çekmeye çalışıyorsanız, asla kendi değerinizde birisiyle ilişkiniz olmayacak.

Sizin göreviniz, kimseyi mutlu etmeye çalışmak değil, en başta kendiniz mutlu olmayı öğrenmelisiniz, önce kendinizi düşünmelisiniz.

Çevrenizde sizi kullanmak isteyen insanlar size bencil diyecekler ancak onlara kulak asmayın ve hatta gülümseyin çünkü kendini zeki sanan insanlar başkalarını kullanmak için her şeyi yaparlar. Siz gerektiğinde bencil olun, asla arkanıza bakmayın, partnerinizin size değer verdiğini tüm kalbinizde hissetmiyorsanız, onun davranışları sizi ikna etmiyorsa bu insan evlilik konusunda kesinlikle doğru insan değildir. Doğru eş, kalbinizde asla şüphe yaratmaz, kesinlikle onun ideal eş olduğunu bilirsiniz. Nikahta imzayı gözünüz kapalı olarak atarsınız çünkü aklınızda hiçbir soru işareti bırakmayacaktır.

Eğer kendinize değer vermiyorsanız ve çevrenizde kimse, aileniz veya arkadaşlarınız size bugüne kadar değerli bir insan gibi davranmadıysa unutmayın; ben size değer veriyorum ve sonuna kadar inanıyorum.

34

EVLİLİK YOLUNA SOKAN CÜMLELER

Eğer partneriniz bir sırtlan değilse ve bağımlılık gibi ciddi problemleri yoksa, aynı zamanda ana kuzusu değilse yani çok bilmiş bir annesi yoksa, bu adamı kesinlikle evlilik yoluna sokabilirsiniz. Büyük bir şansınız olduğunu unutmayın.

Sadece bazen büyük hatalar yapıyor ve elinizdeki adamı başka kızlara doğru yolluyorsunuz, örneğin fevrilik yapıyor ve aniden kavga çıkarıyorsunuz, öfkenize ve sabırsızlığınıza yeniliyorsunuz. Bunları yapmadığınız sürece evlenebilirsiniz.

Bakın size yol haritasını sunuyorum.

Öncelikle, belli bir süreyi geçirmiş olmanız gerekiyor, bir sene çok ideal bir süredir ve bir seneyi devirmiş olanlar için tünelin ucundaki ışık görünür.

Bu arada, aklıma gelmişken kısaca değinmek istiyorum; ben kimseyi ikna etmek zorunda değilim, "erkek beni ikna etsin" diyenler de var elbette, onlara da saygım sonsuz ancak sanırım onların en büyük hatası tüm kadınları kendileri gibi sanıyorlar. Oysa tüm kadınlar kedilerle yaşamak zorunda değil, bazı kadınlar şu anda düzgün bir erkek bulmanın ne kadar zor olduğunu ve eskiden kadınlar için yapılan rekabetin şu anda erkekler için yapıldığını anlamış ve duruma uyanmış olduklarından, ben onlara yardımcı olmaya çalışıyorum.

Bakın romantik bir akşam yemeğinde şu cümleleri söyleyin, o güne kadar sizi mutlu eden partneriniz bu defa size yüzükle gelecektir:

1) Aramızdaki uyuma bayılıyorum, seni kocam olarak hayal ettiğimde bu duygu hoşuma gidiyor, daha önce hiç böyle hissetmemiştim.

2) Yanında kendimi güvende hissediyorum, bugüne kadar bu kadar uyumlu biriyle olacağımı dü-

şünmemiştim, daha önce böyle bir şey yaşamadım, gelecek planlarımızı birlikte yapmaya ne dersin?

3) Bizi bir başka ülkede yaşarken hayal ediyorum, seninle dünyanın diğer ucunda bile mutlu olabiliriz işte bu his hoşuma gidiyor, birlikte çocuk yapmaya ne dersin? Harika bir baba olacağına eminim.

4) Hayat bizi bir araya getirdi, bundan sonrasında bizi neler bekliyor sence?

5) Geleceğimi seninle kurmak isterim ama farklı gelecek planlarımız varsa bence bu konuda birbirimize dürüst olmalıyız.

Bu cümlelerde hiçbir ima veya tehdit yok, erkekleri tehdit ettiğiniz sürece başarılı olamazsınız, onlara agresif davrandığınız sürece yalnız kalırsınız hele ki evlilik gibi konularda kendi yolunuza bakmaya hazır olduğunuzu ama onunla da mutlu olduğunuzu söylerseniz bu durum adama çekici bir fırsat gibi görünecektir. Neden mi?

Sizinle mutlu ve huzurlu bir ilişkisi var, sizinle iyi anlaşıyor ve özellikle tartışmalarda onun üstüne gitmiyorsunuz, elbette o da size her zaman saygılı davranıyor ve tartışmalarınızda sizi kıracak hiçbir tavır göstermiyor, dolayısıyla gerçekten sağlıklı bir ilişki içindesiniz, daha ne olsun?

Bu fırsatı neden kaybetsin?

Üstelik evlilikten hiç bahsetmeden yani içinde evlilik kelimesi geçmeden gelecek planlarınızdan bahsediyorsunuz, sizi seviyor ve zarafetinize hayran kalıyor. Emin olabilirsiniz, bu adam daha önce onu tehdit eden veya "annemler evlilik bekliyor" gibi çocukça cümleler söyleyen kadınlarla karşılaşmış olabilir ama siz o tip cümlelerin kadını değilsiniz, siz beni takip ediyorsunuz ve ben size her zaman doğru yolu gösteriyorum. Erkek zihnine giden yollarda size rehberlik ediyorum, merak etmeyin yukarıdaki cümlelerden size uygun olanı söyleyip ona düşünmesi için üç aylık bekleme süresini verdiğiniz zaman, bu adam iyice düşünecek ve bu süre dolmadan size yüzükle gelecektir.

Artık evlilik sürecine girdiniz, diz çöktü ve teklif etti, bakın ben yine sizinleyim çünkü asıl oyun şimdi başlıyor!

35

EVLİLİK NİŞAN MERASİMİNDE BAŞLAR

Evlilik dediğimiz oyunun nikahla hiçbir ilgisi yoktur, çok öncesinde yani nişanda evlilik süreci başlar ve bundan kaçış olmaz. Nişanda artık sizin dışınızda diğer insanlar, bana göre dış kapının mandalı olanlar, sahneye giriş yaparlar. Onların sahneye girmeleri genelde iyi etkiler göstermez çünkü nedense sanki onlar da evleniyorlarmış gibi onların da birbirlerini sevmeleri gerekir. Neden böyledir bilmiyorum.

Alakasız insanların tanışmaları güzel olabilir sorun yok, ancak daha nişan merasiminde aralarında gerginlikler yaşanabilir ve maddi olarak bazı beklentilerine karşılık bulamayınca hayal kırıklıklarını size yansıtabilirler.

Bazı bölgelerde kendine göre adetler, kültürler, örf falan filan bir şeyler vardır; mesela nişanda yüz kilo altın ya da söz keserken altmış kilo baklava gelecek gibi absürt talepler, beklentiler olabilir. İşte daha bu aşamada iki aile arasında kültürel farklar ortaya çıkmaya başlar.

Bu da yetmez nişan öncesi örneğin iki tarafın babaları bir telefon konuşması yaparlar ancak bu konuşma çok gergin bir havada geçer, çiftin mutluluğunun üzerine bir sis perdesi çökmeye başlar, her taraftan dedikodular çıkar ve telefonda yaşanan bu gerginlik nişanda tekme tokat kavgaya kadar dönüşebilir.

Bana çok enteresan gelen bir konu var; bazı insanlar Türkiye'de yaşıyor ama bu ülkeyi özellikle de Anadolu diye adlandırılan, son derece kırsal ve bozkır bölgeleri hiç bilmiyorlar dolayısıyla kendi yaşadıkları İstanbul'u, İzmir'i veya Antalya'yı tüm ülkenin geneli olarak düşünüyorlar. Adil'e Sor uygulamasından bana her gün gelen sorular tüm ülke genelinden hatta yurt dışından ulaşıyor. Her çeşit insan soru gönderiyor ve problemlerine bir çare önermemi istiyor, dolayısıyla mesela nişan merasiminde kavga bizim için artık sıradan bir olay. İşte gelinin babası damadın babasına kafa atar, halalar arasında balgam savaşı başlar, yengeler tokat yarışına girerler, bütün bunlar sizin çevrenizde olmayabilir ancak ülke genelinde bunlar çok sıradan olaylar haline geldi.

Eğer benim başıma gelmez diye düşünüyorsanız o zaman size bir örnek vermek zorundayım, gerçek hayattan yaşanmış bir olay olması nedeniyle sizin de bir gün başınıza gelme ihtimalini çok derinden idrak etmiş olacaksınız.

36

NİŞANDA BAŞINIZA GELEBİLİR

Boğaziçi Üniversitesi mezunu bir arkadaşım var, kendisi İzmirli, son derece başarılı bir iş kadını. Bundan birkaç ay önce beni aradı ve "manita yaptım" dedi!

"İyi, hayırlı olsun" dedim, aynı zamanda hayırlı işler bakalım sonu güzel olsun diye ekledikten sonra, adamı bana anlatmaya başladı ancak tamamen farklı kültüre sahip bir bölgeden olan erkek arkadaşına şimdiden âşık olduğunu söyleyince ses çıkarmadım.

Özellikle yakın çevremdeki kadınlar iyi, güzel, başarılı ve zeki olmalarına rağmen çok kötü bir özellikleri var. Onlara da bunu hep söylüyorum hem bana görüş soruyorlar hem de gerçekleri duyunca benden nefret ediyorlar, o zaman neden bana akıl soruyorlar işte orayı henüz çözebilmiş değilim.

Neyse, bana fikrimi sorunca ses çıkarmadım ve yine mutluluklar diledim, ben konuşmayınca nedenini sordu ben de kendisinin Boğaziçi mezunu (hep bununla gururlanır nedense) son derece akıllı bir kadın olduğunu ve mutlaka seçimleri konusunda zekasını kullandığını söyledim.

"Peki öyle olsun," dedi ve konuyu uzatmadı, başka şeylerden konuştuk ve sonra bir süre ondan haber alamadım. Tam üç ay sonra birden beni aradı ve görüşmek istediğini söyledi, kahve içmek için bir araya geldik. Anlattıkları film gibiydi; bana bahsettiği adamla aniden evlenme kararı alıyorlar ve aslında adamı pek tanımıyor ama âşık oluyor işte. (Kadınlar!) Adam son derece maço, sert, benim dediğim olacak diyen türden ağır abi.

Nişan yapmaya karar veriyorlar, tabii bizim kızımız adamın ailesini falan hiç tanımıyor dolayısıyla, nişanda aniden adamın annesini görünce ufak bir şok geçiriyor. Yaşadığı köyden hiç çıkmamış fakat yine de dominant ve dünyanın sırrını çözmüş gibi son derece kibirli bir kadınla karşılaşıyor (Asmalı Konak) üstelik kadın bizim kızımızın Boğaziçi diplomasına falan pek değer vermiyor. Nişan hazırlıkları sırasında ona neredeyse evi temizletiyor, süpürge yaptırıyor ama bizimki çok mutlu çünkü çok âşık hem de nasıl âşık! (Kadınlar!)

Nişana kadar dişini sıkıyor tabii "Nişandan sonra bu kadınla ne işim olur?" diye düşünüyor herhalde. (Kendini kandırıyor saftirik.) Nişan öncesi kadın buna son derece kötü niyetli bakarken birden adam bizimkine bağırıyor, "Öpsene annemin elini!" diye zılgıtı yiyince, hemen el öpmeyi de o yaşta öğreniyor. (Kvrak zekâsı var en azından.) 600 yıl öncesinden zaman makinesiyle gelmiş müstakbel kayınvalidesinin elini öptükten sonra aniden beklemediği şekilde suratına balgam yiyor, evet balgam! Şaşırıyor ve soran gözlerle çok âşık olduğu sert, maço erkeğine bakarken adam gülümsüyor; "Annem seni çok sevdi, sevdiği insana balgam atar buna alışırsın yakında!" diyor.

Hikâyesini bitirdikten sonra bana şöyle dedi, "Sen telefonda sessiz kalınca kültür farkından dolayı sıkıntı yaşayacağımı anladım ancak bu kadarını da beklemiyordum açıkçası. İnsan bazı kültürlere alışabilir de balgama nasıl alışacaksın Allah aşkına?"

37

EVLİLİK HAZIRLIKLARI

Kötü düşünmeyelim, siz kendi kültürünüzden ya da size yakın birini buldunuz ve bu kişi garip örf, adetlerden bahsetmiyor, nişanı yaptınız ve kimseye yüz kilo baklava götürmek zorunda kalmadınız, yani her şey yolunda. Yine de dikkat etmeniz gereken önemli bir konu var, evlilik yoluna giren mutlu ve heyecanlı çiftlerin, yüzde 62 oranında nişan sonrasında ayrıldıklarını biliyor muydunuz?

Neden ayrılıyorlar?

Evlilik kararını maddi planlama yapmadan alıyorlar yani eksik planlama, eksik iletişim nedeniyle yüksek masraflar ile karşılaşınca araları bozuluyor ve ayrılıyorlar. Bu insanların en büyük sorunu, zamanında bazı şeyleri karşılıklı oturup konuşmamış olmalarıdır. Eksik iletişim, sonraki bölümlerde değineceğim üzere hem evlilik öncesinde hem de evlilik sonrasında yapabileceğiniz en büyük hatadır, ne demişler; ayağını yorganına göre uzatacaksın!

Üçüncü kişiler yani nişanda ilk defa bir araya gelen aile bireyleri nedeniyle, çevreye etrafa hava atmak, laf olur söz olur endişesiyle girilen yüksek masraflar, lüks düğün hazırlıkları ve alınan lüks eşyalar çiftlerin arasını bozuyor. Bu durum sadece bizim için geçerli değil elbette, bu senenin mayıs ayında, Oxford Üniversitesi'nde evlilik hazırlığı yapan çiftler üzerinde bir araştırma yapılmış ve ayrılanların en büyük ayrılık sebebi olarak lüks düğünler için girilen yüksek masraflar gösterilmiş. Çünkü evlendikten sonra alınan kredileri ödemeye çalışırken aralarında yüksek sesli tartışmalar çıkıyor.

Bu kadar masrafa ne gerek vardı?

Neden sade bir törenle bu işi halletmedik?

Bu kadar borcu nasıl öderiz? Biz böyle bir para kazanmıyoruz!

Buna benzer çok sempatik tartışmalar çiftin arasında cereyan ediyor ve her geçen gün boşanmaya doğru gidiyorlar, nasıl olacak bu işler?

Düğün merasimi öncesinde çok ciddi bir bütçe çalışması yapmaları gerekiyor ve benim size önerim bunu mutlaka muhasebeci bir arkadaşınızla birlikte yapmanızdır, çok ciddiyim. Para işlerinde düğün havasına girip gaza gelerek, katılan herkes mutlu olsun diye düşünerek, borcun altına girmeyecek insanlara güzel bir düğün yaşatmaya çalışmayın.

Bakın, paranız varsa istediğinizi yapabilirsiniz ama paranız yoksa evliliğe büyük bir borç yükü taşımış olacaksınız ve sonrasında bunlarla uğraşırken aranız açılacak, buna gerek yok. Siz tüm masrafları hesaplayarak gerekirse bir de muhasebeci dostunuza danışarak yapılması gerekenleri planlayabilirsiniz, işin uzmanından yardım almak her zaman iyidir.

Ayrıca aile bireylerinizin fikirlerini almaya başlarsanız onların sizden talepleri bitmez; şu da olsun, bu da olsun derler ve Hint düğünü yaparken bulursunuz kendinizi!

38

EVLİ VE MUTLU ÇİFTLER NE DİYORLAR?

Evli ve mutlu çiftlerin sayısı az değil, onların bir formülü var burada sizinle paylaşmak istiyorum. Şahsen tanıdığım elli çift ile görüştüm ve notlar aldım, çoğunluğunu farklı kültürel birikimler ve farklı mesleklerden gelen insanların oluşturduğu bu çiftlerin görüşleri benim için çok kıymetliydi. Bununla beraber söyledikleri şeyler arasında ortak noktaları tespit ederek listeledim.

1) Kimseyi karıştırmadık.

Ne evlilik öncesinde ne de sonrasında yapmak istediğimiz şeylere kimseyi karıştırmadık, insanlar fikir verdikçe aklımız karışır diye düşündük ve bu kararımızı onlara saygılı bir şekilde ifade ettik. Anne babalarımız buna saygı gösterdiler ve bize karşı ısrarcı olmadılar, bizim böyle mutlu olacağımızı anladılar.

2) Asla çok masrafa girmedik, gösterişten uzak durduk.

Bizi zorlayacak masraflara hiçbir aşamada girmedik, zaten evlendiğimizde pek bütçemiz de yoktu ama bu durum birbirimize daha sıkı sarılmamızı sağladı ve zor dönemlerden güçlü çıkmayı başardık. Örneğin sadece kır düğünü yaptık ve bütçemize göre bir yer belirledik, katılan bazı insanlar mütevazi düğün seçimine şaşırdılar ancak onların ne dedikleri ile hiç ilgilenmedik çünkü bizim amacımız insanlara gösteriş yapmak değil, kendi evimizde mutlu olmaktı.

3) Tartışmalarda asla şahsi suçlamalar yapmadık.

Evlilikte krizler oluyor, mutlaka tartışmalar da oluyor ama biz asla bu tartışmalarda birbirimizi rencide edecek sözler sarf etmedik, tam tersine aramızda gerginlik yaratan konuya odaklandık ve her zaman onu çözmeye çalıştık. Konuya odaklandığımız sürece çözüm yolları bulmamız daha kolaydı, oysa sen şunu yaptın sen bunu yaptın gibi suçlamalara girmiş olsaydık mutlaka çok kırıcı olacaktı ve bunun bize asla bir faydası olmazdı, bunu hiç istemedik; çünkü verdiğimiz değeri ve sevgimizi davranışlarımızla göstermeyi seçtik.

4) Sürprizlere açık olduk.

Evliliği bitiren konu, rutin yaşamdır. Biz rutin insanlar değiliz ve ufak da olsa sürprizler evliliğimize renk kattı, örneğin aniden alınan bir konser bileti, sinemada birlikte gece yarısı seansını izlemek, bir seyahate çıkmak ve hafta sonu tatili yapmak, bütçemize göre de olsa uygun yerler bulmak ve başka şeylere harcanacak paraları birlikte hayatı keyifle yaşamaya harcamak bizim evliliğimizi daha da sağlamlaştırdı.

5) Kimseye evliliğimizle ilgili bilgi vermedik.

Sosyal medyadan mutlu pozlar paylaşmadık. Sosyal medyaya asla önem vermedik ve kimseye gösteriş yapmaya çalışmadık üstelik insanların nazarı ile de uğraşmamış olduk. Ev hayatımızı kimseye göstermedik, insanların hangi niyetle evimize geldiklerini bilemeyiz dolayısıyla görüşmelerimizi hep dışarıda yapmaya özen gösterdik. Ev, bize ait bir sığınak oldu ve bu duyguyu her zaman koruduk. Arkadaşlarımızın veya eş dost akrabaların sözleriyle asla birbirimize sırtımızı dönmedik çünkü kim ne derse desin biz bu yola birlikte çıktık ve yolun sonuna kadar giderek bunu deneyimlemek istiyoruz.

39

EVLENDİKTEN SONRA FARKLI BİR OYUN BAŞLIYOR

Evlendiniz.

Hayırlı olsun, size mutluluklar diliyorum.

Yine de bu yolda yanınızda yürüyorum çünkü karşınıza ne gibi olaylar çıkabileceğini biliyorum.

Ben İtalya'da aldığım koçluk eğitimleri ve Uluslararası Koçluk Federasyonu'na bağlı olarak gerek yurt içi gerekse yurt dışı çalışmalarım esnasında çok enteresan olaylarla karşılaştım, 15 bin danışanla çalıştım. Yüksek bir rakam.

Bana sorulan en saçma soru şuydu: "Madem siz evlilik yaşadınız, neden boşandınız?"

Hep aynı yanıtı verdim: "Evliliği tam olarak öğrenmek için!"

Boşanmayan insan evlilikten ne anlar Allah aşkına?

Şaka bir yana, bu kitabı yazarken kendi deneyimimden o kadar faydalanıyorum ki gerçekten iyi ki evlenmişim, üstelik bir yabancıyla yani Amerikan vatandaşı, son derece güzel ve zeki bir kadınla evlenmiştim, sonra başka bir ülkede yaşamak isteyince yollarımız medeni bir şekilde ayrıldı ama bana da bu deneyimi katmış oldu.

Sanıyorlar ki evlilik illa sonsuza kadar sürecek ya da boşanmak bir başarısızlık olacak, ne alakası var? Ama ne demişler, cahile laf anlatmak zordur.

Siz böyle bir kitap yazmayı düşünmediğinize göre boşanma deneyimi yaşamanıza gerek yok, evliliğiniz sürecek ve mutlu olacaksınız, sağlıklı çocuklarınız olacak, bu kitabın artık evli çiftler için olan bölümlerine adım atmış bulunuyorsunuz.

Evlilikte boşanmaların en yoğun olduğu süreç ilk üç senedir ama sizin başınıza gelmeyecek, neden mi?

Çünkü önceki bölümlerde "Kırmızı Uyarılar" olarak size en büyük problemleri aktardım, bu problemleri görüyorsanız zaten evlenmemiş olacaksınız. Boşanma sebepleri tamamen kırmızı uyarılarda detaylı olarak bahsettiğim sorunlardan kaynaklanıyor, siz evlilik öncesi ilişki sürecinde bu "Kırmızı Uyarılar"a dikkat edecek ve partnerinizden sorunları çözmesini isteyeceksiniz. Eğer çözmek istemiyor ve aynı kafada devam ediyorsa onunla evlenme fikrini hemen zihninizden uzaklaştıracaksınız. Kötü bir evliliğe, daha hiç adım atmadan kendinizi kurtarmış olacaksınız dolayısıyla bu kitabı okumayan insanlara göre on adım öndesiniz. Rahat bir nefes alabilirsiniz.

40

EVLİLİKLER TARTIŞMALARDA BİTER

Bu hayatta ne söylediğinizin önemi yoktur. Lütfen cümleyi tekrar okuyun.

Bu hayatta neyi hangi üslupla söylediğiniz çok önemlidir. Lütfen bu cümleyi de yavaşça ve tekrar okuyun.

Söylediğiniz şeyler aynı zamanda sizin onları söylerken sahip olduğunuz karmaşayı ve ruh halinizi de gösterecektir. Bu durum her sözün üzerine büyük bir sorumluluk yüklemektedir, ne olursa olsun sözleriniz unutulmaz hele bazı sözler vardır ki güzel giden bir evliliği bile yerle bir edecek kadar güçlüdür. Buna gerek var mı?

Bir anlık sinirle söylenen cümlelerin geri dönüşü olmaz, bunları söylemeden önce iyice düşünmelisiniz, eğer sürekli öfkelenip kavga çıkarmak gibi huylarınız varsa öfke terapisi alabilirsiniz, bunları çözmek istedikten sonra kolayca çözersiniz. Kimse sürekli kavga çıkartan bir erkekten ya da kadından hoşlanmaz özellikle de tartışmalarda alttan alan taraf aslında içten içe bu sözleri biriktirmektedir.

Unutmaz, merak etmeyin. Sizin öfkeniz onda birikir ve bir gün aniden çeker gider.

Bunların önüne geçmek için öfkenizi ve duygularınızı kontrol altında tutmalısınız. Bana kalırsa evlilik öncesi herkese mutlaka bir öfke kontrol testi yapılmalıdır, çünkü evlilikler tartışmalarda biter. Bir tartışma esnasında belki öncesinde kimsenin aklında boşanmak yokken, aniden bu söz masaya konur ve geri dönülemez sonuçları olacaktır. Dolayısıyla ağzına geleni söyleyen çiftlerin evliliği sağlam değildir.

Onlar her defasında barışırlar belki ama her tartışmada evlilikleri biraz daha zayıflamıştır, bunun farkında değildirler. Bir taraf hep biraz daha içine atar, sünger gibi içine çeker ama gerçekte o kişi de bir insandır, sünger değildir. Dolayısıyla belli bir noktada patlayacaktır, buna ne kadar dayanabilir?

Her tartışmada sizi alttan alan bir eşiniz varsa, hemen ona karşı üslubunuzu değiştirin ve daha anlayışlı davranmaya başlayın.

Her tartışmada size kötü davranan bir eşiniz varsa onu uyarın ve gerekirse evi terk edin yoksa sizin değerinizi ve ciddiyetinizi anlamaz.

Her tartışmada sizi aşağılayan ve narsist kişilik bozukluğu olan bir eşiniz varsa ona tedavi olmasını söyleyin çünkü siz ona doktorluk yapmak zorunda değilsiniz.

Tartışma anları her şeyin özüdür, evli ve mutlu çiftler tartışmalarda son derece saygılı tavırlarını koruyorlar. Size bir sahneyle örnek vermek istiyorum.

41

EVLİ BİR ÇİFTİN DEHŞETE DÜŞÜREN TARTIŞMA SAHNESİ

Arkadaşım olan evli bir çiftin evine davetliydim. Birkaç arkadaşımız daha vardı.

Güzel bir akşam yemeği sırasında, daha önce birlikte gittikleri yurt dışı tatilinde başlarına gelen kötü bir olay nedeniyle tartışma çıktı. Eşleri kadın ve erkek olarak isimlendirip aralarındaki iletişimi size aktarıyorum.

Erkek: Hayır canım orada çantayı çaldıran ben değildim çünkü ben taşımıyordum, otobüse bindiğimizde çanta sendeydi dolayısıyla dalgın olan sendin.

Kadın: Yanlış hatırlıyorsun çünkü çanta sendeydi canım, adam otobüste senin yanına yaklaştı ve bir karambol oluşturdu ben zaten onun niyetini fark etmiştim ama daha seni uyarmaya fırsat bulamadan adam kayıplara karıştı.

Erkek: Durağa geldiğimizde indi aniden, ben onu kovalarken sen arkamdan bile gelmedin, umurunda bile değildi bence.

Kadın: Canım sence de benim biraz üzerime gelmiyor musun şu anda?

Erkek: Kırmak istemedim, amacım sadece o günkü detayları hatırlamak.

Kadın: O zaman sana yardımcı olayım, o gün otobüste benim elimde ne vardı hatırlıyor musun?

Erkek: Evet alışveriş torbalarını kırmızı renginden dolayı anımsıyorum.

Kadın: O zaman senin çantan da bende olamaz, öyle değil mi?

Erkek: Pardon ya gerçekten hafızam beni yanıltıyor, çanta bendeydi, kusura bakma.

Kadın: Sorun değil.

Erkek: Ben galiba artık yaşlanıyorum ya, gerçekten üzgünüm. (Gülüyor.)

Adam hemen yapmış olduğu hatayı mizaha yönlendiriyor ve konuyu kapatıyor aynı zamanda eşine karşı gereksiz bir suçlamada bulunduğu için üzgün olduğunu söylüyor. Buradaki konu son derece önemsiz ancak bundan çok daha önemsiz konular yüzünden birbirinin üzerine yürüyen evli çiftlere şahit oldum dolayısıyla karşılıklı saygıyı özellikle de tartışmalarda korumak esastır. Evliliğin anayasası budur. Ben onların konuyu ele alış biçimlerinden ve adamın mizah manevrasından dolayı dehşete düşmüştüm. Belki de buna mesleki deformasyon diyebiliriz çünkü birbirine karşı saygısızca davranan çiftlerle yoğun olarak çalışıyorum. Üslubuna dikkat eden ve saygılı insanlar görmek bizi dehşete düşürüyor, buna alışkın değiliz.

Neyse ki evli ve mutlu insanlarla da vakit geçirme şansımız oluyor.

42

BİR SÜRE AYRI KALMAK ŞİFADIR

Evli ve mutlu çiftler de bazen önüne geçilemez tartışmalar yaşayabilirler ve ne kadar saygılı davransalar da konuyu çözemezler. Bu durumda üstüne gitmek ve çözüm bulmak amacıyla her gün tartışmak yerine bir süre ayrı kalmaya karar verirler.

Alabilecekleri en doğru karar budur.

İlişkilerde de aynı sorunla karşılaşıyorum; partneriyle bir tartışma yaşadıktan sonra ısrarla konuyu çözmeye çalışan, fevri davranan ve öfke krizleri yaşayan birisi sorunları çözmek yerine daha büyük sorunlara yol açabilir. Bunun yerine çözülemeyen konuyu biraz akışa bırakmak ve zaman tanımak daha akıllıca olacaktır, üstüne giderseniz hem partnerinizi bunaltırsınız hem de sizden soğumasına neden olursunuz. Üstelik bazen konuyu zamana bıraksanız kendiliğinden kolayca birkaç gün içerisinde çözülebilecek bir şey olmasına rağmen, üstüne gitmeniz çocukça bir ısrardan başka bir şey değildir.

Buna gerek var mı?

Evliliklerde ayrı kalmak, sık olmamakla birlikte kimi zaman size en büyük şifayı getirecek çözümdür. Buna otuz gün kuralı diyoruz. YouTube kanalımda bu konuda videolar paylaştım ve buradan size aktarıyorum.

Bir konu var ve aranızda gayet medeni bir şekilde çözmeye çalışıyorsunuz ancak çözümü mümkün görünmüyor, bir çıkış yolu bulamıyorsunuz, dolayısıyla yan yana gelmek ve çözümsüz olmak sizi yormaya başlıyor, işte burada çok hassas bir durumdasınız çünkü onun varlığı bile sizi rahatsız etmeye başlıyor.

Çözümsüzlük her zaman kendine bir sorumlu arar ve evli çiftler çözüm bulamadıkları sürece sorumluluğu eşlerinin üzerine atmaya meyilli olurlar. Dolayısıyla o güne kadar güzel giden evliliğinizi iyice yıpratmak yerine biraz ayrı nefes almaya ne dersiniz?

Tek yapılması gereken, erkeğin otuz gün kadar başka bir yere gitmesidir, bir arkadaşının evi olabilir, annesinin yanı olabilir ya da bir süre tatile gidebilir, kendi şartlarına göre bu konuyu çözmek için ayrı kalmayı tercih etmelidir. Bu süreçte aralarında kesinlikle iletişim olmamalıdır yoksa şu çözümsüz konuyu telefonda falan gündeme getirip yeniden tartışmaları onlara daha fazla zarar verecektir.

Siz siz olun, bu hayatta telefon tartışmalarından uzak durun. Hele ki mesajlarda tartışmak tam bir çılgınlıktır çünkü mesajlar kadar yanlış anlamaya müsait, kaygan zemin içeren riskli bir şey olamaz. Uzak kalınca eşinizi özleyeceksiniz...

43

EVLİLİKTE ÖZEL GÜNLERİN KUTLANMASI

Ben erkekleri, hemcinslerimi bazen gerçekten anlamıyorum.

Neden özel günleri kutlamak konusunda bu kadar duyarsız davranıyorlar?

Eşleri buna önem veriyor ve kadınların istekleri kesinlikle pek fazla bir şey değil, evlilik yıl dönümü kutlanması mesela zor mudur? Asla değil, romantik bir akşam yemeği, karşılıklı eski günlere dair yapılan konuşmalar ne kadar güzel bir esinti olacaktır aileniz için... Bunu asla hafife almayın.

Kadınların önem verdikleri şeylere odaklanmamız gerekiyor, biz erkekler bu konuda ilk eğitimi ailemizden alıyoruz ve biliyoruz ki erkekleri anneleri yetiştiriyor. Bir erkek annesinden kadınlar konusunda incelik ve kibarlık gibi eğitimler almıyorsa onun ileride eşine iyi davranması mümkün değildir.

Kötü erkek modelleri, düşüncesiz olanlar ve karısına karşı kaba davrananlar annelerinin eseridir, bana kimse bunun dışında bir gerçek gösteremez. Bir anne oğlunu öyle bir yetiştirecek ki adam, kadın ruhundan anlayacak, eşine değer verecek ona varlığını hissettirecek ve en önemlisi de kadının bireysel alanına saygı duyacak. Bu eğitim çok zor değil ama bizim ülkemizde anneler genelde narsist erkek modeli yetiştiriyorlar, oğullarını şımartmak hoşlarına gidiyor. Bu durum en çok da diğer kadınlara zarar veriyor yani o adamın eşi olacak kadına.

Eğer eşiniz, özel günleri kesinlikle kutlamak istemiyorsa ona nedenini sormalısınız, neden böyle davranıyor olabilir?

Özel bir sebebi ya da geçmişten kalan bir travması var mıdır acaba?

Sizin bu özel günlere birlikte mutlu olma fırsatı olarak baktığınızı söyleyin, zaten günlük hayat yeterince yoğun ve insanlar birbirlerine eskisi gibi vakit ayıramıyorlar dolayısıyla yılda bir defa olacak günleri kaçırmak, bu günlerde duyarsız kalmak evliliğinize zarar verebilir çünkü bir erkeğin şunu anlaması gerekiyor, eşi için bu günler önemlidir, nasıl kendisi için önemli olan konularda eşinden anlayış bekliyorsa özel günlerde aynı anlayışı eşine göstermesi ve birlikte mutlu vakit geçirmek için güzel bir organizasyon yapması gerekir.

Evlilik karşılıklı anlayıştır, sürprizlerle ayakta kalacaktır. Duyarsızlık, boşanmaya giden yolu açar ve yolun sonu karanlıktır.

44

İLETİŞİMDE BUZDOLABI YÖNTEMİ

İletişim her şeyin özüdür. Sözlü iletişim harika bir yöntemdir ve önceki bölümlerde verdiğimiz örneklerde olduğu gibi sağlıklı bir iletişim yoluyla her türlü anlaşmazlığı kolaylıkla çözebilirsiniz.

Bazen sözlü iletişim sizi rencide edebilir ya da konuşmak istemezsiniz, belki daha önce konuşmayı ve çözmeyi defalarca denediniz ancak olmuyor, çözemiyorsunuz dolayısıyla konuşmak sizi yormaya başladı, çabalamak sizi yormaya başladı.

SİZİ ANLIYORUM.

Yapmanız gereken yine de iletişim kurmak çünkü eşinizi seviyorsunuz ve onunla aranızda mutlaka bir iletişim köprüsü kurmaya ihtiyacınız var, işte şimdi size bu yöntemi aktarıyorum çünkü bunu denediğiniz zaman hiç beklemediğiniz sonuçlar alacaksınız. Tek yapmanız gereken daha fazla sözlü tartışmaya girmeden bu yöntemi denemeniz olacaktır.

Buzdolabı yöntemi, sözlü iletişimden yazılı iletişime geçmenizi sağlayan bir ara yüz gibidir; eşinize derdinizi anlatmak istiyorsunuz ve bu defa ona bir not bırakacaksınız. Kibarca kelimelerinizi seçin çünkü agresif bir dil kullanarak başarılı olamazsınız, kâğıda maddeler halinde notlarınızı alın ve en baş sıraya sizi en çok yoran, kalbinizi kıran maddeleri koymanızı tavsiye ederim. Maddeler halinde yazdığınız zaman bir karmaşanın önüne geçmiş olacaksınız çünkü biz erkekler en basit ve sade anlatımı tercih ederiz. Örneğin hiç boşluk bırakmadan sayfalarca yazmanız halinde başarılı olma imkânı bulamazsınız, bunu sakın unutmayın.

Birinci maddeye onunla konuşmaya ihtiyacınız olduğunu yazın fakat tüm denemelere rağmen başarısız olduğunuz için artık konuşmak yerine yazarak ona ulaşmaya çalıştığınızı da eklersiniz.

İkinci maddeye bu problemin aslında çözülebileceğini, sadece bu konuda birlikte hareket etmeniz gerektiğini yazabilirsiniz yani ona şu mesajı vermiş olacaksınız: Ben bu sorunu seninle birlikte çözmek istiyorum.

Sonra sizi rahatsız eden diğer maddeleri sıralayın. Her maddeyi uzatmadan kısa tutmanız çok mantıklı olacaktır çünkü ona bir mesaj vermeye çalışırken roman yazmanıza gerek yok.

Yaşadığınız bazı şeylerin size nasıl hissettirdiğini yazın, duygularınızı paylaşmanız onun da bir şeyler hissetmesini sağlayabilir.

Bu not kağıdını buzdolabının kapağına asın ve sonuna mutlaka bir gülücük emojisi koyabilirsiniz, unutmayın bir mesaj verirken son cümleler, en önemli olanlarıdır.

45

EVLİLİKTE KOŞULSUZ GÜVEN

Evlilikte ve aslında tüm ikili ilişkilerde koşulsuz güven en önemli maddedir. Koşulsuz güven olmadan komşuluk ilişkilerinde bile problem yaşarsınız. Evleneceğiniz insana güvenmiyorsanız kesinlikle onunla sağlam bir evlilik yapmanız mümkün değildir. Evlilikten önce güvensizlik durumları gün yüzüne çıkıyorsa, zaten evlilik kararınızı hemen ertelemeniz gerekir. Israr edip kendi kuyunuzu kazmayın.

Güven ilişkisi şüpheye yer vermez, eğer şüphe uyandıran davranışlar varsa güven çok hızlı eriyen bir buz kütlesi gibidir. Örneğin şöyle davranışlardan bahsediyorum:

1) Sürekli telefonuyla oynayan bir eş ve telefonu kesinlikle göstermek istemiyor, sürekli sizden saklıyor ve banyoya bile telefonuyla giriyor.

2) Gün içerisinde telefonlarınıza asla dönüş yapmıyor, işleri bittiği zaman sizi arayıp nasıl olduğunuzu sormuyor ama onun sürekli çevrimiçi olduğunu görüyorsunuz.

3) Sosyal medyada hiç tanımadığı insanları ekliyor, çıkarıyor, onların paylaşımlarını beğeniyor ve dikkatlerini çekmeye çalışıyor.

4) Hiç seyahat etmeyen insanın sürekli seyahatleri çıkmaya başlıyor özellikle hafta sonları yalnız kalmaya çalışıyor ve işiyle ilgili bahaneler üretiyor.

5) Aniden akşamları eve gelme saatleri uzamaya başladı, geç saatlerde geliyor ve hemen duşa giriyor, kıyafetlerini sürekli kendisi çamaşır makinesine atıyor ve yıkama tuşuna basıyor. (Erkekler bu tip şeylerden pek anlamazlar.)

6) Yan yanayken size mükemmel davranıyor ama uzaktayken adeta sırra kadem basıyor, ondan bazen saatlerce hiçbir şekilde haber alamıyorsunuz, bir kısa mesajla bile size dönüş yapmıyor.

7) Telefonunun ekranında sürekli farklı insanlarla yazışmalar çıkıyor, sorduğunuz zaman konuyu değiştiriyor ve üstüne giderseniz öfkeli yanıtlar veriyor.

8) Yalanları ortaya çıkıyor ve genelde bunlar ufak

konular oluyor, örneğin "Caddebostan'a gidiyorum" demesine rağmen, gitmemiş olduğunu öğreniyorsunuz ve neden bu konuda yalan söylediğini size açıklayamıyor.

Bu ve benzeri konularda sık yalan söyleyen insanların sizinle yaşadığı hayat dışında sizden gizlediği bir başka hayatı daha vardır. Bu yalanlar mutlaka bir sebeple söyleniyor ve belli ki sizden saklanan bir şeyler var. Yeniden koşulsuz güveni sağlamak için hemen birlikte aile terapisine gitmeyi teklif etmelisiniz, bazı davranışların sizi rahatsız ettiğini söyleyerek bir hakeme yani uzmana başvurmanızı öneririm. Aile terapisi özellikle evli çiftlerin zorlu süreçlerde çok faydalandıkları bir yöntemdir, belki baş başa konuşmakta zorluk çektiğiniz meseleleri bir uzmanın yardımıyla konuşabilir ve yalnızken yüzleşemediğiniz konularla daha rahat bir şekilde yüzleşirsiniz. Buna ihtiyacınız olabilir.

46

EVLİLİKTE MUTLULUĞUN FORMÜLÜ

Evlilikte mutluluğun formülü, birlikte olduğunuz zamanlar kadar birlikte olmadığınız zamanlarda saklıdır.

Ne demek istediğimi size açıklıyorum.

Birlikte film izlemek, birlikte gezmek, yeni mekanları birlikte keşfetmek, birlikte güneşlenmek, birlikte tatile çıkmak, birlikte sessizce kitap okumak bunların hepsi çok güzel ve evliliğinizi daha sağlam hale getirecektir.

Bunların yanı sıra bireysel alana saygılı olmak ve ayrı geçirilen zamanlara da aynı şekilde özen göstermek evliliğin gizli mutluluk formülüdür.

Bakın size erkekler hakkında çok önemli bir bilgi vermem gerekiyor; biz yalnız kalmayı çok seven varlıklarız. Her erkeğin kimi zaman kafa dinlemek istediği dönemler vardır, öyle süreçlerde yalnız kalmak ona ilaç gibi gelecektir, kimseyle muhatap olmak istemez ve kendi kabuğuna çekilir. Belki zihninde çözemediği konular ya da iş hayatında sıkıntılar olabilir, sebep ne olursa olsun bu yalnızlık onu pozitif anlamda etkileyecektir dolayısıyla onu anlamak ve kendi haline bırakmak evlilik için şifadır.

Kadınlar birlikte güzel vakit geçirir ve birbirleriyle her konuyu paylaşırlar, izledikleri bir filmi, o gün yaşadıkları bir olayı yani her şeyi paylaşmayı severler ancak erkekler öyle değildir, sessizlikten ve yalnızlıktan güç alırlar dolayısıyla iki tarafın işletim sistemi tamamen farklıdır.

Evlilikte eşinizin bazen yalnız başına kalma talebi oluyorsa ona karşı anlayışlı davranabilirsiniz çünkü bu yalnızlık ona çok iyi gelecektir ve size de iyi gelir çünkü o ne kadar nefes alıyorsa siz de o kadar alıyorsunuz. O ne kadar huzurluysa siz de o kadar mutlu olacaksınız, her şey bir bütünlük ve birliktelik içeriyor. Her yere birlikte gitmek ya da her şeyi birlikte yapmak zorunda değilsiniz tam aksine eşiniz arkadaşlarıyla vakit geçirmek istiyorsa bırakın gitsin eğlensin, orada beslenip daha güzel ve yoğun bir enerjiyle sizi özlemiş olarak dönecektir. Nefes alsın, farklı enerjilerden beslensin, sizi deliler gibi özlesin, sürekli üstüne düşmeniz onu size bağlamaz, bundan emin olabilirsiniz.

Yıllardır sapasağlam evlilik yürüten çiftlerle görüşmeler yaptım ve mutlu evliliğin sırlarını sorduğumda, mutlaka arada bir yalnız kalmanın öneminden bahsettiler çünkü bu şekilde bireysel alanda kendini besleyerek aile hayatına daha büyük katkı yapabiliyorlardı; her saniye, her dakika, her an aynı insanla yaşamak iyidir, güzeldir ama bazen yalnız kalmak gerekir, insana iyi gelir.

47

EVLİLİK ÖNCESİ CİNSELLİK

Evlilikte boşanmalar büyük ölçüde ilk üç senede gerçekleşiyor. Sonraki en yoğun boşanma süreci ise üç ila yedi sene arasında diyebiliriz.

İlk üç senede evli çiftlerin büyük oranda boşanmalarının en büyük sebebi ise birbirini iyice tanımadan ve sadece arzulayarak evlenmiş olmalarıdır. Burada kadınlara çok önemli bir bilgi vermek istiyorum; evlilik öncesi ilişki sürecinde bir erkeğin size yoğun ilgisinin en başlarda ne kadar riskli olduğunu önceki bölümlerde belirtmiştim çünkü erkekler arzu nesnesini duygu nesnesi gibi göstermeye çalışırlar. Yani sizinle tanıştıktan sonra sizi çok arzuluyor olabilir ama bunu sanki sizi seviyormuş gibi gösterir, amacı bir an önce sizinle cinsellik yaşamaktır. Siz cinsellik yaşadığınız süreci ne kadar ertelerseniz o adamın duygularını o kadar net bir şekilde anlayabilirsiniz çünkü cinsellik olmadığında bile sizi görmek istiyor ve özlüyorsa, sizinle görüşmek için her türlü fırsatı değerlendiriyorsa o zaman bu adamın size yoğun bir sevgisi olduğunu anlarsınız.

İnsanlar vardır evlilik öncesi kesinlikle cinsellik yaşamak istemezler, inançlarına uygun değildir ve her inanca saygı duymak gerekir.

İnsanlar vardır cinsellik yaşamadan kesinlikle evlenmek istemezler çünkü evlilik öncesi ten uyumunu görmek ve ona göre bir evlilik kararı almak onlar açısından önemlidir.

Görüşünüz ne olursa olsun en azından bu konuda aynı fikirde olmanız gerekir, yani aynı açıdan bakmalısınız. Evlilik öncesi cinsellik yaşamak istiyorsanız ve partneriniz buna kesinlikle karşı çıkıyorsa o zaman evlilikte aranızda cinsel anlamda sorunlar çıkması asla bir sürpriz değildir, buna karşı hazırlıklı olmalısınız. Cinsellik yaşadınız ve mutlu olmadıysanız evlilik sonrasında da bu insanla cinsellik yaşamak sizi mutlu etmeyecek, öte yandan mutlu bir cinsellik içermeyen evlilik asla uzun sürmez.

Evlendikten sonra eşinin farklı cinsel tercihleri olduğunu fark eden insanların sayısı hiç de az değildir, her gün bu tip vakalar Adil'e Sor uygulamasından bize ulaşıyor. Dolayısıyla evlendikten sonra neyle karşılaşacağınızı bilmiyorsanız bu konuda size iyi şanslar diliyorum. Herkesin cinsel tercihini istediği gibi yaşama hakkı vardır ve bununla birlikte toplumsal koşullar nedeniyle bazı insanlar kendilerini bunu saklamak zorunda hissederek zoraki evlilik yaparlar. Bu durumda eş olarak seçtikleri insan büyük bir depresyona sürüklenir çünkü eşinin cinsel tercihi konusunda aldatılmış olmak hemen her insanın kaldırabileceği bir yük değildir.

48

EVLİLİKTE CİNSELLİK

Renklendirmek mi istiyorsunuz?

Benim size önerim, farklı mekanları deneyin; örneğin mutfak, evin koridoru ya da oturma odasında farklı fanteziler yaşayabilirsiniz. Evlisiniz, cinsel yaşamınız sizin keyfinize kalmış ama ne olursa olsun rutin bir cinsel hayattan uzak durmalısınız.

Bazı evli çiftler uzun yıllar boyunca aynı pozisyonda devam ederler ve futbol hayatları kısa süre içinde biter çünkü yıllar boyunca aynı şekilde cinsellik yaşamak sıkıcıdır.

Aslında evliliği ayakta tutan ufak sürprizler ve değişikliklerdir. İnsanın adrenaline yatkınlığı vardır ve örneğin en korktuğumuz anları asla unutmayız çünkü heyecan duygusu önce bedenimizi sonra da ruhumuzu ele geçirmiş olabilir. Heyecana hayatınızda ne kadar yer veriyorsanız o kadar uzun ve neşeli bir hayatınız olacak demektir, adrenalin insanı diri tutar ve hayatta olduğunu hissettirir.

Umberto Eco'nun "Gülün Adı" isimli şaheserinde unutulmaz bir cümle geçer:

"Orta Çağ'da insanlardan heyecan duygusunu aldılar, onları kontrol edebilmek için..."

Heyecan size yaşadığınızı gösteren bir uyarandır, bazen heyecanın peşinden koşarsınız ve hayata dönersiniz. Örneğin dans, evli çiftlerin cinsel hayatını birebir olarak etkiliyor. Stanford Üniversitesi'nde 1996 senesinde yapılan bir araştırmaya göre evliliğinde kriz olan çiftler haftanın iki gecesi birlikte dansa gittikleri zaman üç ay içerisinde yeniden sağlıklı bir iletişim içerisine giriyorlar.

Son derece enteresan ve aynı zamanda çarpıcı bir tespit çünkü evlilikte işler yolunda gitmediği zaman çiftin arasındaki ritim yani uyum bozulmuş demektir. Bozulan ritmi tamir etmek için yapılması gereken, ritim derslerine başvurmaktır ve bunu öncelikle bedeninizde hissetmelisiniz. Bu ritmi tekrar yakalarken aynı zamanda neşe ve keyif hissediyorsanız, başka güzel insanlarla sosyalleşme imkânı buluyorsanız ve yıllardır evli olduğunuz hayat arkadaşınızla saatlerce dans edebiliyorsanız, daha ne olsun?

Hayatta mutluluk nedir?

Bir gülüş, bir bakış, birlikte izlenen bir gün batımı, yıllar sonra bile hatırlanacak birlikte atılan bir kahkaha, mutluluk bu anlarda gizlidir. Cesare Pavese ölümsüz bir yazar olarak noktayı koymuştur:

"Biz insanlar günleri hatırlamayız ama anları hatırlarız."

Dans edersiniz eşinizle birlikte çılgınlar gibi, kulağına onu sevdiğinizi fısıldarsınız, size sımsıcak gülümseyerek bakar ve duygulanır, sımsıkı sarılır ve onun güzel kokusunu içinize çekersiniz, mutluluk sevdiğiniz kadında saklıdır, daha ne olsun?

Aranızdaki ritim düzeldiği zaman yataktaki ritim de düzelecektir, topraklanmaya ihtiyacınız olduğunda size keyif veren cinsel konuları eşinizle paylaşmalısınız. Eğer eşinizden bile çekiniyor ve sizi yargılar diye korkarak ona güvenmiyorsanız ciddi bir sorun var demektir çünkü eşler arasında cinsellik ne kadar şeffaf olursa o kadar keyifli ve uzun vadeli bir evlilik hayatları olacaktır.

49

ARJANTİN'DE SON TANGO

Arjantin rehberim Luca ile Buenos Aires sokaklarında yürümeye devam ettik. Gustavo'yu ziyaret ettikten sonra bir süre onu düşündüm; karısını ne kadar sevdiğini görüp bir kez daha etkilenmiştim. Onları Julia hayattayken ziyaret ettiğimde zaten Gustavo'nun gözlerinden karısına olan aşkını okumuştum hatta içten içe kıskanmıştım "Acaba bu kadar seveceğim bir kadın bir gün karşıma çıkar mı?" diye...

Biz erkeklere duygusuz diyorsunuz, sevemediğimizi söylüyorsunuz, oysa ne kadar korkak olsa da her erkek deliler gibi âşık olmak ister. Afrika'nın en tehlikeli sırtlanı bile sevgi açlığını cinsellikle gidermeye çalışıyor olabilir. Duygusuz ilişkiler yaşayan, gecelik cinsel maceralarda ruhuna zarar veren bir ıssız adamın seneler öncesinde değerini bilemediği bir kadın olmuştur mutlaka, kaçırdığı bir evlilik treni vardır.

Erkeğin dramı burada saklıdır, sevgiyi almayı öğretmediler bize. Bizi gerçekten seven kadınları anlayamadık çünkü sevgiyi almayı bilmiyoruz. Birisi bizi gerçekten sevdiği zaman emin olamıyoruz, şüpheye düşüyoruz çünkü duygularımızı göstermek yasaklanmıştı bilinmeyen sebeplerle. Erkek güçlü olacak, sağlam olacak, rakipsiz olacak diye diye sevgisiz büyüdü bir sürü aslan kral. Sevmek istedikleri zamanlarda ise bunu nasıl yapacaklarını bilmiyorlardı.

Asla çatalla yemek yememiş bir insanın eline çatal tutuşturmak gibiydi bizim sevgiyle olan dansımız... Kimi zaman cesaretlendik, yapmak istedik ama o zaman da yanlış kadınlara âşık olduk, sevgimizi anlamadılar, bir de dalga geçtiler onlara âşık olduğumuz için, yalnız kalmak istedik, kaçmak istedik belki de yok olmak istedik.

Sevgiyi almayı ve kabul etmeyi, ona sımsıkı sarılmayı öğretmediler bize, yoksa her erkeğin içinde sevgisini göstermek isteyen bir aslan kral vardır ne kadar sert ne kadar acımasız ne kadar zalim olursa olsun her erkeğin âşık olduğu bir kadın vardır. O kadını asla unutamaz ve evlenmek ister onunla, ailesini kurmak ister, hayatını onunla geçirmek ister.

Ne kadar gariptir ki erkeğin en çok âşık olduğu kadın, duygularını en az gösterebildiği kadındır. Bir aşk meselesidir bu aslında, evlilik aşkla başlamalı ve aşkla bitmelidir. Boşanmada bile o saygı korunmalı ve yaşanan günlere saygı gösterilmelidir.

Eğer bir evlilikte boşanma konusu en sert tartışmalarda bile ağızdan çıkmıyorsa işte sağlam evlilik budur, gerçek aşk budur, dalgalarda yüzmek gibidir; çünkü bir an iner ve sonra çıkarsın, zorluklarda eşine sarılırsın çünkü onu seversin. Senin kıymetini bilen insanın değerini anlarsan, evlilik güzel şeydir aslında, keyifli bir yol arkadaşlığı gibidir.

Luca beni Buenos Aires'in en ünlü tango mekanına götürdü. Evli çiftler vardı altmış yaşlarında ve aralarındaki uyumu, ahengi görünce onları hayranlıkla izledim, hayatı yaşamayı bilen ve hakkını veren insanları seviyorum. Dünyanın her yerinde onlarla karşılaşmak ve aynı havayı solumak bana da enerji veriyor. Orada tanıştığımız tango hocası Alfredo bana ilginç bir bilgi verdi; Arjantin'deki medeni hukuka göre boşanmak için mahkemeye başvuran çiftlere hakimler altı ay boyunca birlikte tango yapmayı tavsiye ediyorlarmış, aralarındaki kaybolan ritim düzelsin ve yeniden birlikte mutlu olmayı denesinler diye.

Aşkta son tangoyu birlikte yapabileceğiniz insanla evlenmenizi diliyorum sizlere, hayatınızın son anında bile size sevgiyle bakabilen insan, ruhsal yolculuğunuza eşlik edebilecek en güvenilir dostunuz olsun. Bu yeryüzü sınavı böyle bir insanla keyifli hale gelecektir, yalnızlık güzeldir ama zordur aynı zamanda. Sizi seven birini bulmak şanstır, eğer onu bulduysanız sımsıkı sarılın ve sakın bırakmayın.

50

KARISINI ÇOK SEVEN ERKEĞİN HİKÂYESİ

Sicilya'daki kadim dostum Giovanni aradı bir gün, telefondan sesi iyi gelmiyordu, bir şeyler vardı yüreğinde ona ağırlık yapan.

Atladım uçağa soluğu Palermo'da aldım. Akşam bir üzüm bağındaydık, oraya kurduğu çilingir masasında... Farkındalık Okyanusu'nda bahsettiğim, geceler boyunca kendi cehennemimi yaşamak zorunda kaldığım üzüm bağındaki tahta kulübenin önündeki çardakta, bir ağustos gecesi, en sevdiğim dostlarımdan biriyle erkek erkeğe sohbete başladık.

Erkeklerin sohbeti sessiz başlar çünkü kelimeler acele etmez, biraz düşündükten sonra karısıyla arasının bozuk olduğunu söyledi. Binlerce sabıkası olan bir adam, Sicilya'daki tüm işlerin başındaki adam, karşımda uzaklara bakıyordu. Arada viskisinden bir yudum alıyor sonra devam ediyor anlatmaya, bir tartışma olmuş evlerinde, karısına üzücü cümleler söylemiş ve kavga çıkmasını beklerken karısı onu kalbinden vurmuş; hiçbir düşmanının vuramadığı kalbinden tek bir kurşunla öldürmüş onu. Şöyle bir cümleye kurban gitmiş Giovanni: "Seni ne kadar sevdiğimi hiç anlamadın ki."

Bu kadar.

Fısıltıyla söylemiş kadın bunu ve ona bakarken, donuk bakışlarla. Daha fazla bir şey anlatmaya çalışmadan, arkasını dönüp mutfağa akşam yemeğini hazırlamaya gitmiş. Giovanni bir anda kendini tutamayıp evden dışarı atmış bir hışımla, hemen arabasına binip uzaklaşmış. Yirmi yıldır evli olduğu eşiyle ilgili hiçbir şeyi anlamamış olduğunu fark etmiş hayatında ilk defa. Tam yirmi sene, dile kolay yirmi sene birlikte yaşamak, uyumak, sevinmek ve üzülmek.

Kolay mı?

Bunları anlatırken ağlamaya başladı koskoca adam, insanların korktuğu adam, karısını belli etmeden deli gibi seven adam. Karısına ne kadar âşık olduğunu anlattı bana ama ben zaten biliyordum onu sevdiğini ve asla ona gösteremediğini. Gustavo vardı sadece, karısına sevgisini gösterebilmiş tek erkek olarak yeryüzünde. Bir gün böyle bir yarışma yapılsaydı eğer erkekler arasında, kesinlikle kazanırdı. O kadar çok sevmişti ki karısını, kimse ona rakip olmaya cesaret edemezdi.

Gustova'nun karısı öldü ama onun içinde hiçbir pişmanlık kalmadı çünkü yaşadığı sürece sevgisini sonuna kadar göstermişti eşine, kadını mutlu etmişti ömrü boyunca. Yapmak isteyip de yapamadığımız şeyler var ya işte onlar kalbimizden vuruyor bizi, aniden bir kelimeyle teslim oluyoruz gözyaşlarına. Karısını çok seven ama asla sevgisini gösteremeyen her erkek yaralıdır aslında, gizlemeye çalıştığı bir yarası vardır, derinlerde sakladığı gözyaşları vardır.

Sizin yanınızda ağlamaz onlar, bir arkadaşını arar, bir süre sessiz kalır ve sonra dökülürler, erkeklerin arasındaki sessizlik kulakları sağır eder bazen ama yine de biz birbirimizi anlarız.

Ben sokağa çıktığım zaman hangi adamın evli olduğunu ve hangisinin karısına sevgisini gösterdiğini hemen anlarım ama en kötüsü nedir derseniz; karısı tarafından çok sevilmiş ama o kadının değerini asla bilememiş erkekleri gördüğüm anda tanırım. Çünkü onların gözlerinde garip bir hüzün vardır…

İstanbul / Haziran 2023

EVLİLİK ÖNCESİ UYUM TESTİ

Lütfen aşağıdaki maddelerin yanına (+) veya (-) koyunuz. Partnerinizde olan özelliklerin yanına + koyabilirsiniz. Eğer yedi ve daha fazla maddenin yanında + bulunuyorsa çok mutlu bir evliliğe yelken açıyorsunuz demektir.

Eğer beş ve daha fazla + yakaladıysanız vasat bir evliliğiniz olacaktır, evlenmeden önce bir süre daha partnerinizi tanımanızı öneriyorum.

Eğer beşten daha az + koyuyorsanız o zaman bence hiç evlenmeyin çünkü bu insan kesinlikle evlilikte sizin için ideal bir eş olamaz, benden söylemesi!

Lütfen maddelerin yanına olmasını istediğiniz değil, objektif olarak onda gördüğünüz yani gerçekten olan özelliklere göre + koymaya özen gösterin çünkü bu test evlilik öncesinde size önemli bir rehber olacak ve tünelin sonunda ışık olup olmadığını gösterecek!

FEDAKARLIK ☐
(Siz zor durumda olduğunuzda hemen geliyor)

CÖMERTLİK ☐
(Hesapları size ödetmiyor)

SEVGİ ☐
(Size sevgisini hissettiriyor)

DÜRÜSTLÜK ☐
(SİZE KARŞI HER KONUDA ŞEFFAF)

SADAKAT ☐
(Neden bahsettiğimi gayet iyi biliyorsunuz)

ANLAYIŞ ☐
(Tartışmalarda sizi kırmayıp anlayışlı davranıyor)

SAHİPLENME ☐
(Başka insanların size laf etmesine asla izin vermiyor mesela annesini bile sizin için karşısına alabiliyor)

MİZAH ANLAYIŞI ☐
(Birlikte gülüyorsunuz ve sizi eğlendiriyor)

GİZLİLİK ☐
(Birlikte yaşadığınız olayları başkasına anlatmıyor)

GÜVENİLİR ☐
(Ona her anlamda güveniyor musunuz?)

Eğer kendinizi kandırmak yerine dürüst yanıtlar verdiyseniz o zaman kesinlikle mutlu olacaksınız çünkü şu anda hayatınızdaki insan evlilik için doğru kişi olmasa bile siz günün birinde doğru insanı bulacaksınız.

Kendine yalan söylemeyen insan bu hayatta her şeyi başarabilir, bunu ben söylemiyorum koskoca Roma İmparatoru Marcus Aurelius söylemiş bundan iki bin yıl önce!

Adil Yıldırım

6 Ocak 1982 İstanbul doğumlu olan Adil Yıldırım, Marmara Üniversitesi Siyaset Bilimi ve Fransızca Kamu Yönetimi Bölümü'nden mezun olduktan sonra on yıl İtalya'da yaşadı.

Bu süre zarfında, Milano Teknik Üniversitesi Politecnico di Milano'da Uluslararası Marketing dalında yüksek lisansını tamamladıktan sonra felsefe ve insan ilişkilerine olan merakı nedeniyle bu alanlarda kendini geliştirmeye karar verdi ve Avrupa genelinde düzenlenen çeşitli seminerlere katıldı.

ICF – Uluslararası Koçluk Federasyonu bünyesinde İlişki Koçu olarak eğitimlerini İtalya'da tamamlayan Adil Yıldırım, bir yandan da ortaokul yıllarından beri devam eden edebiyât merakını sürdürdü ve yazdığı kısa hikâyeler İtalya'da Corriere della Sera gazetesinin hafta sonu eklerinde yayımlandı.

Her zaman bir roman sevdalısı olduğunun altını çizen Adil Yıldırım, Türkiye'ye döndükten sonra Gecede Saklı Yalnız Aşklar adlı ilk romanını yazdı ve bu roman 2017 senesinde yayımlandı. Bu romanın ardından hayatımızdaki tinsel dinamikleri kaleme aldığı *Zamanın Sessiz Ruhu, Tesadüfe Yer Yoktur* isimli romanı 2019 senesi nisan ayında okurları ile buluştu. Yine 2019 senesi temmuz ayında ise *Gecede Saklı Yalnız Aşklar*'ın devamı niteliğinde olan *Med Cezir* adlı romanı yayımlandı.

Adil Yıldırım'ın dördüncü kitabı olan *50 Maddede İlişkiler*, 2020 senesi temmuz ayında okurlarıyla buluştu. Yazarlık kimliğinin yanı sıra "İlişki Koçu" unvanıyla YouTube kanalında kadın erkek ilişkileri üzerine videolar paylaşan Adil Yıldırım, kanalında verdiği bilgileri kitap haline getirerek okurlarına sunmuş oldu. Yine 2020 senesi temmuz ayında Adil Yıldırım'ın beşinci kitabı *Şeytan Tüyü* raflarda yerini aldı, bu romanda daha önce yazmadığı tarzda bir anti kahraman hikâyesiyle okurlarına sürpriz yaptı ve narsist bir erkeğin dehşete düşüren yaşamını gözler önüne serdi Adil Yıldırım'ın altıncı kitabı *Flört Etme Sanatı* Nisan 2021 tarihinde okurlarıyla buluştu ve Türkiye'de flört üzerine yazılan ilk kitap olarak raflarda yerini aldı. 2022 yılında yayınlanan 40+ İtiraf Hikayeleri ve 50 Maddede Sosyal Medya Aşkları okurlarıyla buluştu . 2023 yılında *Farkındalık Okya-*

nusu kitabı okurlarıyla buluştu.

"Yazmak en büyük terapidir" diyerek yazmayı çok sevdiğini belirten Adil Yıldırım "İnsan yaşarken yalan söyleyebilir ancak yazarken asla yalan söyleyemez; çünkü yazan insan kendi ruhuyla yüzleşmek zorundadır." söylemiyle roman yazma serüvenini tanımlıyor.

Instagram: adilyildirimyazar
Twitter: mentoradilyldrm
Youtube: Yazar Adil Yıldırım
www.adilyildirim.com
yazar@adilyildirim.com
Adil'e Sor uygulaması
https://adilesor.adilyildirim.com